心に届く「しつけと愛の伝え方」

ほんの木【編】

ほんの木

まえがき

わが子のしつけは親としての当然の役目です。しかし、どうやればうまくいくのかは、どの親にとっても最も悩ましいことではないでしょうか。イライラして、思わず感情的になってしまったことのある人は決して少なくないはずです。

でも、それは、発達段階を考えず、その年齢ではできるはずがないことを子どもに無理矢理やらせようとしたり、子どもの気持ちが見えないことが原因ではないでしょうか。

しつけだけでなく、子育てにはコミュニケーションが必要不可欠です。言葉のコミュニケーションだけでなく、仕草や体全体を使った心の通じ合いがなければ、しつけも子育ても決してうまくいきません。しかし、自分の子どもだからというだけで、心が通じ合うわけではありません。子どもの心を理解し、あなたの愛を上手に伝える。子どもがあなたの愛を上手に受け止められるように伝えてあげることが必要なのです。ところが、意外にも子どものことを心配し、しっかり育って欲しいと思っている親であればあるほど、逆に愛の伝え方が下手なことが多いのです。

ほんのちょっとの工夫で、「あなたのすべてが好きだよ」という、子どもの心を肯定してあげる気持ちは、子どもに伝わります。すると、子どもはずいぶん変わります。そして、子育ても楽しくなるはずです。それらがどういう中身なのかは本書を読んでいただければおわかりいただけると思います。

本書は、小社が２００２年から２００５年までの３年間に刊行した「子どもたちの幸せな未来」シリーズ18冊の中から、現在の子育ての問題の背後にある、子どもとのコミュニケーションを軸に「しつけと愛情の伝え方」をテーマにまとめたものです。この一冊で、幼児教育で大切なことはほぼ網羅《もうら》できていると自負しておりますが、それぞれのさらに詳しい内容をお知りになりたい方は、各文章の出典となった小社「子どもたちの幸せな未来」シリーズのバックナンバーを、２１８ページから２２３ページに掲載しました。ぜひご覧ください。

また、「ほんの木」では、子育てや教育についての情報をブログで少しずつですが流しています。一度ご覧になっていただき、ご意見、ご感想をいただければ幸いです。

ほんの木は今後も、子育て、育児、教育問題についての本づくりに真摯《しんし》に取り組んでいくつもりでおります。引き続きご支援くださいますようお願いいたします。

競争のない教育と子育てを考えるブログ　http://alteredu.exblog.jp/
ほんの木のホームページ　http://www.honnoki.co.jp/

２００６年２月

ほんの木編集部

もくじ

まえがき……2

第1章 余裕を持って子育てをするために 9

毎日やらなければならないことが多すぎて……と思っているあなたに
子育てのコツとちょっとした秘訣
汐見稔幸……白梅学園大学教授・副学長……10

子どもを見て、いつまでこの状態が続くのかしらと不安なあなたに
子どもの成長を知っていれば子育ては楽になる
汐見稔幸……白梅学園大学教授・副学長……25

第2章 子どもの心が見えると子育ては楽しい 45

自分は子育てに向かないと思っているあなたへ
子育てが下手でも恥ではない
正高信男……京都大学霊長類研究所教授……46

子どもとべったりしすぎると思っているあなたへ
スキンシップは脳も心も自立心も育てる
山口　創……………聖徳大学講師……………61

第3章　上手なしつけのやり方と心構え　75

上手な「しつけ」について知りたいあなたへ
子どもを上手にしつけるための10のヒント
森田ゆり……………兵庫県「エンパワメント・センター」主宰……………76

子どもを叱らない、子どもと仲のいいあなたへ
もう少し子どもと戦ってみませんか
菅原里香……………神奈川県「こすもす幼稚園」保育士……………88

第4章 子どもの心に寄り添うために

子どもの心に寄り添うために 101

早く幼稚園、保育園に行かせたいと考えているあなたへ
ちょっと心配、早め早めの集団生活
内田良子……心理カウンセラー……102

子どもができるまでやらせるあなたに
子どもが子どもでいられる時間
藤村亜紀……秋田県「陽だまりサロン」主宰……116

わが子の気持ちがわからないあなたに
絵本を読むと子どものこころが見えてくる
内海裕美……吉村小児科院長……120

日々の慌しさに追われているあなたへ
子どもたちの問いかけが聞こえますか
秦理絵子……学校法人シュタイナー学園初等部・中等部校長……131

第5章 お母さんのできること、お父さんのできること 135

わが子に早く教育を受けさせなければ、と考えているあなたに
お母さん、子どもの好奇心をつぶさないで
見尾三保子……神奈川県「ミオ塾」主宰……136

父親としての子どもへの関わり方がわからないあなたに
「父性」だけが子どもにできること
正高信男……京都大学霊長類研究所教授……149

素敵な親子関係、仲のよい家庭を作りたいあなたに
父性的なものと母性的なもの
佐々木正美……児童精神科医……164

第6章 未来のために親として大人として 177

まわりの親に気をつかいすぎてつらくなっているあなたへ
やさしい閉塞感を超えて――ストレスを解消するために
岩川直樹……埼玉大学教育学部教授……178

「思い出作り」に熱心なあなたへ
「今」を生きる大人たちへ
五月女清以智……栃木県「株式会社はるこま屋」代表取締役……189

環境などの悪化で未来を悲観しているあなたへ
子どもに伝えられる未来像とは
日野雄策……エコロジー事業コーディネーター……196

子どもに安全な場所はないと沈んでいるあなたへ
友達を競争相手から仲間にするために
汐見稔幸……白梅学園大学教授・副学長……199

日本の教育、日本社会に不満なあなたへ
子供は一人ひとりユニーク
リヒテルズ直子……オランダの教育制度研究家……204

本書にご登場いただいた15人の方々……212
出典資料……218

装丁／渡辺美知子　イラスト／今井久恵

第1章

余裕を持って子育てをするために

子育てのコツとちょっとした秘訣

汐見稔幸（白梅学園大学教授・副学長）

子育ての工夫

私には3人の子どもがいますが、私は、父親として普通のお母さんがやるようなことはほとんど全部やってみたと思っています。保育園の送り迎えを13年間やりましたし、週に3〜4日は食事も作りました。一番下の子どもは夜泣きがひどくて、生後半年から2歳2か月まで、ほぼ例外なしに毎晩12時半になると泣き出しましたから、毎晩のように抱いたりしていました。

でも、夜泣きで大変だったという記憶は一切ありません。「今日はどうやって処理してやろうか」と考えて、泣いて汗をかいているから「よし、風呂に入って冷たいシャワーでも浴びさせたら泣きやむんじゃないか」とか、いろいろ試しました。それで本当に泣きやむと「やった！」と。

下の2人はしょっちゅう兄弟げんかをしましたから、その大変さもよくわかります。

私の場合は大学の教員ですから、ある程度時間が自由に使えました。サラリーマンの条件は厳しいから誰でも同じようにできるとは思いません。ただし、子育てはやり方によってはこんなおもしろいものはないんだ、と誰でもある程度の工夫はできると思います。

将来の見通しがないために生まれる不安

でも、その工夫ができるためには、子育てや子どもについての一定の知識を持っていることが大事だと思います。

たとえば、「うちの子は約束が守れないんです」と言うお母さんがいました。「飴《あめ》は一日に2個と決めてあるのに2個食べても、『もっともっと』と言うんです。どうして約束を守れないのでしょうか」と言うのです。「何歳ですか？」と聞くと、「1歳11か月だ」というわけです。

「1歳11か月のお子さんが約束を守るという言葉の意味がわかると思いますか？」「わからないんですか？」「100%わかっていないと思いますよ」「どのくらいになったらわか

るんですか?」「私の体験では4歳くらいではないでしょうか」と言うと「ええっ!」となりました。

また、10か月のお子さんにミルクを哺乳瓶《ほにゅうびん》で飲ませているのだけれど、一本飲んでもまだ飲みたがる。「私はこれ以上は飲ませたくないんです。どうしたらいいのでしょう?」という質問もありました。「どうして飲ませたくないんですか?」と聞きましたら、「我慢をする練習をさせなければいけない。我慢できないと、大人になった時にどんな人間になるかわからないから」と答えました。これにも驚きました。「我慢することは大事ですけれど、それは今の課題ではないですよ」と答えるしかありませんでした。

親御さんの不安の多くは、「このくらいの年齢の子はまだこの程度なのよ」とか、「本格的なしつけはこのくらいになってから」といった見通しがないことから来ています。それがないから「こんなことがいつまで続くのかしら」と不安になっていることが多いと思うのです。やがては放っておいてもできるようになることなのに、その能力がまだ備わっていない時期に無理をさせている。発達の見通しを持っている人には何でもないようなことが、見通しがないことでものすごく苦労しているのです。

"子どもウォッチング"のススメ

発達の見通しと、その時々にはできないことがしばらくするとできるようになる理由がわかっていると、(なんでこんなことをするんだろう)(こういうことがまだできないからかなぁ)とか、(お兄ちゃんはこうでもなかったのに、この子はこうだということは性格が違うということなのかな)というように、少し冷静に見られるようになります。私は、子育てをしていく時に大事なことの一つは、「ああしなさい、こうしなさい」「なんでこんなことできないの?」という前に、(なんでだろう)と"子どもウォッチング"をすることだと思います。ウォッチングをしていると、子どもが少しずつ見えてきて、その見え方が多ければ多いほど親をやっていることが嬉しくなっていきます。

たとえば、子どもが2歳半くらいになると、それまで親がやってくれたことを自分でやりたくなってきて、親をまどわせることがあります。靴を履《は》きたいというから履かせてみたら右左を反対に履いたりするようなことです。そんな時、親は「なにこれ、反対じゃない、歩きにくいから履き替えてごらん」と言って勝手に脱がせます。子どもは(せっかく履いたのに脱がせやがって)とものすごく怒って、靴をポーンと投げ飛ばしたりするわけです。それを見て親は、「手が付けられなくなった」とか「なんでこんなふうになっちゃうんだろう」と思うわけです。

でも、それはある意味で当たり前のことです。子どもからすれば、だんだん手先が起用になってきて、意欲も出てきたからいろいろやりたいけれど、技術が伴わないからうまくできなくて癇癪《かんしゃく》を起こしてしまう。親がそういう時期が来ることを知っていれば、（あ、来た来た）とゆとりを持って、おもしろがって見てあげられるのです。

なんでもそうですが、本当にそれを楽しいと思わなかったら義務になってしまいます。義務になると、毎日繰り返さなければいけませんから苦痛です。でも、一回一回がかけがえのない体験だとか、家庭の中に小さな文化を作ることはおもしろいことだなあと創造的な意味を見いだしたり、あるいは「しなければならない」世界（ＭＵＳＴ）を、できるだけ「したい」世界（ＷＡＮＴ）に意味転換する練習のおもしろさを見いだすとずいぶん楽になります。

ですから、子どものために何かを無理してやったとか、我慢しながらがんばったとか、そういう思いは私にはあまりありません。あとから考えると、こんなおもしろい体験をしないで親でいるというのはもったいない、子どもが育っていくのにつきあえるのは、神様からもらった最高のプレゼントだという感じがしています。

子育てがうまくできるには、条件が許せば私のような割り切り方をするという事があると思います。「やらねばならない」で考えないで、「こんなおもしろいことはない」というふうに発想を切り替えることです。

子どもは段階的に成長する

子どもの機能が一直線に高度になったり、一直線に能力が高まっていくということはありません。段階的に発達していきます。人間の身長や体重も一直線に右上がりに伸びていくのではなく、階段状に伸びていくことは誰でも経験的に知っています。何か月も体重も身長も伸びなかったのに、2～3か月で急に身長が伸び始めたり、体重が増えるということは普通のことです。

私の息子が保育園に行っていた時の毎月のデータを見ると、夏は身長の伸びも体重の増加も一切ありませんが、冬になると一年分を取り戻すように身長が伸び、体重が増えていて、本当にきれいな階段状になっています。これは非常におもしろい発達の特性です。もちろん、個人差がありますから、もっと細かく成長の段階をたどる子どももいます。

同じように、人間の認知能力や感情の発達も一直線に伸びていくのではなく、しばらく同じような認知能力だったのに、ある時期から急にお利口《りこう》さんになるということが起こります。つまり、発達には段階があり、Aの段階からBの段階に上がる節目には、比較的短期間で急に上がっていくのです。

そういった節目になる段階は細かく見ていけばいくつもありますが、大きな節目はおおよそで言うと「2歳半くらい」「4歳半くらい」「7歳くらい」「11歳くらい」になります。そしてまた、それぞれの時期の発達のテーマが違います。それぞれの段階を上がる時期は発達にとってはとても大事ですが、親から見ると急に反抗的になったりするために、多少扱いにくい時期でもあります。

1歳、2歳という誕生日の区切りは、地球が太陽の周りをまわっていることによる大切な区切りですが、子どもの成長は年齢に合わせているわけではありません。誕生日を中心にして何歳だからこれができるできないと考えるよりも、「子どもの成長には何回かステップアップしていく時期があり、その境目はちょっと扱いにくい」と考えていた方がよいと思います。年齢でぴったり変わっていくのではなく、ある発達のリズムがあるということは知っておいて欲しいと思います。（これについては25ページ以降で詳しく紹介します。）

子育ては親を育ててくれる

私は子育ての中では、片一方が育って、片一方が育てたという一方向の関係はないと思っています。苦労してやっと育ててやったというのではなくて、そのプロセスで育ててきた私自身ももっと賢くなってきた、もっと深い人間になってきたということが同時に起こっているはずです。

たとえば、子どもに個性ができてくると、その個性が親好みでないことがあります。子どもを3人育てれば3人とも全然違うものを持っていますから、それぞれの違いがその子のいいところだと思うようにならないとやっていけません。そして、いいところだと思えると、子どももそれを自分の長所に変えていけるのです。せっかちなところがある子に、「なんであなたはあわてものでせっかちなの？」と言い続けていたら、絶対に自信のある子になりません。

ところが、「あなたはパッと思いついたらすぐにやれるところがいいのよね」と言って、「その代わりちょっと慎重にしないと失敗することがあるよ」と言ってあげることによって、子どもはそれを自分の長所にできるかもしれません。子どもの個性の芽みたいなものを、できるだけその子らしいことだとポジティブ（肯定的）に見てあげることができるかできないかで、子どもの育ちは大きく違ってきますし、子育ての喜びも違ってきます。子育ての中で親はだんだんそういうことができるようになってきますし、またそうならないと、せっかく生んだ子どもが可愛くなくなってしまいます。そして、そのプロセスで、親の人間観は修正されていくわけです。それこそ親が人間として成長したということです。

私はお母さんたちに「お母さんは一番上の子どもと同じ年しか親をやってないんですよ。上の子が5歳ならお母さんはまだ5年目です。5年目でそんなに立派な親になれるわけないよね」とよく言います。子どもが成長していくのに応じて、私も成長し続けていくのだということを確認していかないと、子育てはつまらない。

子育てをすることはいろいろなことを強《し》いられるわけですけれども、強いられたことを「いいテーマをもらったな」と思って引き受けることで親は変わっていくし、また変わらないとやっていけない。そのことを自覚しながらやることが大切だと思います。

困った時は助けてもらう、教えてもらう

現代のように生んだ子どもを親だけで育てるということは、人類の歴史の中でこれまでなかったことです。現代の状況が特殊なのであって、子育ては生んだ親だけでやってきたわけではありませんし、一人の人間を育てるという、ある意味ではとてつもなく難しい仕事を一人でやることはもともと無理です。ですから、子育てを楽しく上手にやるには、できるだけいろいろな人の手を借り、知恵をもらうことです。それは恥ずかしいことでもなんでもなく、当たり前のことです。

「助けて」と言えたり、「お願いだからちょっと教えて」と上手に言える人は子育て上手な人です。助けてもらえる人が近所にいなければ、子育てを一緒にやりませんかというサークルやサロンやグループに行き、勇気を出して参加してみましょう。そういう場所は緊張するとか、疲れるから行きたくないとか、自分と合わなそうな人がいるから行きづらいという人もいると思いますけれど、そうやって孤立することと、最初は違和感があっても自分に合う人が見つかるまでがんばっていくことでは、結果としてはずいぶん大きな違いになります。

また、そういう場で気さくにつきあうには、できるだけ自分を飾らないことです。知らないことは「知らない」と言う。知られるのが恥ずかしいようなことでも、「こんなことをしちゃって」と言ったりすると、あの人は気さくな人だわ、あの人は構えない人だわとまわりの人も思って、本音でつき合いたいということになります。最初から気さくな集団に行きたいと思っても、必ずしもそうはいきませんから、自分の方が気さくになって関係を作っていく努力も必要です。

そうやって、自分の中のわだかまりやイライラが出せるようになって自由になってくると、たとえば家庭に戻っても、自分のつれあいに今まで以上に本音が言えるようになってきたり、楽につきあえるようになってきます。子育て中にサークルやサロンに出かけて、自分の思いをさらける、あるいは人のことを聞くという練習をすることは夫婦関係にとってもプラスになるし、子育てにもプラスになります。

3歳児までは母親がついていないとだめなのか?

3歳くらいになるまでは母親が側《そば》についていないと子どもはうまく育たないという、いわゆる「3歳児神話」があります。しかし、3歳までという数字は国によっても違いますし、科学的な根拠もありません。世界乳幼児精神保健学会という国際学会の小児科医たちは、たとえば保育園で0~1歳から育てている子どもと、幼稚園に4~5歳から行っている子どもの10年後、20年後の育ちには差がないと言っています。0歳の集団保育でもベテランの保育士さんといい環境があれば、家庭で育っている子どもよりもかえっていい育ちをしていることもありますし、0歳の集団保育を受けていても、保育環境が劣悪でしばしば転園しているような場合は、その子の育ちは平均よりも下がっています。つまり、0歳や1歳から保育園に預けること自体が悪いのではなく、そこでの保育の質や水準次第で子どもは家庭だけで育てるよりも良くなったり、悪くなったりするのです。

そう考えると、3歳まで自分でできる人はやればいいし、数年間ほとんど家から出ないで、子どもとばかり関わることを苦痛に思ったり、ゆとりを持って子どもと接する気になれなくて、どう見ても自分と子どもがいい関係が作れないという場合や、仕事を持っているお母さんの場合には、保育園や子育て支援センターなどのサポートを得ればいいでしょう。その時に、親がさぼっているとか、子育てが下手だからとか、子どもと一緒にいてやれないのは心苦しいと思うことはありません。一日中息苦しい家庭にいるよりも、子どもにとってもお母さんにとってもずっとよく育つ可能性がありますし、それでも十分に子どもが育つ時代になってきていることに確信を持ってください。

現代は、時代が大きくゆれ動いています。どう育てていけば良いか、誰でも悩む時代です。そういう時は、親自身がいろいろなところに出かけて、時代の流れを感じるということが必要です。折りを見て講演を聞きに行ったり、若い頃したかったと思うことに少し手を出してみたり、自分を社会に差し出していくということが子育て上手になる秘訣だと思います。

頭を育てるか、心を育てるか

どんな親でも本音の部分では、頭のいい子になって欲しいという気持ちを持っていると思います。また、心の豊かな子ども――優しいとか思いやりのある、我慢強い子どもになって欲しいという気持ちもあるでしょう。そしてまた、病気をあまりしない丈夫な子どもになって欲しい、運動がちゃんとできる子どもになって欲しいという気持ちもあると思います。つまり、私たちは子どもの頭と心と身体の三つを育てたいと思っていますし、どの年齢でも、どの月齢でもこの三つを育てることは大切です。ただし、この三つの優先順位を間違えてしまうとあとでしんどい思いをすることになります。

頭を優先して育てようと早期教育やフラッシュカードなどをやらせる人がいます。しかし、1歳や2歳の子どもは計算したり、文字を読みたいとは決して思いませんから、やらせるには愛情という餌《えさ》でつるしかありません。親の愛が欲しいためにやりたくないことを一生懸命にやれば心は無理をします。その不自然さと無理がいずれ何かを起こします。頭のいい子になって欲しいという気持ちはよくわかりますが、だからといって頭を優先した育て方をしてもうまくいくはずがありません。

心はどうでしょう。心はとても大事ですが、「今日は心が優しくなる練習の日よ」「今日は心が豊かになる教材を与えてあげるからね」ということはできません。心はいろいろな体験をした結果として育っていくものだからです。

たとえば、お母さんに「痛いの痛いの飛んでけー!」と言ってもらった時に痛みが消えていったから、友達が痛がっている時に「痛いの痛いの飛んでけー!」と言ってあげる。それを見ていた人が「優しい子ね」と言ってくれる。つらい時に優しくされたら嬉しいとか、自分がやりたいことをやって満足するのは嬉しいことだといったことを経験すると、子どもはその経験を物語化し、記憶としてどこかに蓄《たくわ》えていきます。そして、似たようなシチュエーションがある時に、自分の中からその物語を引っ張り出して同じように振るまう。その装置のようなものを私たちは「心」と呼んでいるのだと思います。

だとしたら、心を育てるにはいい体験をいっぱいする、感動的な体験をする、あるいは悔《くや》しい体験をするというように、感情がたくさん動く体験をすることがもっとも大事ということになります。「体験」とは体に験《しる》すと書くように、感情が動いて、身体まで記憶するような良い体験をいっぱいさせることです。それによって心が育つのです。

このように見てくると、子育てでもっとも優先しなければならないのは、実は身体だということがわかると思います。頭をよくしてやろうということを最優先しても、心を育てようということをあせってやっても、つまるところうまくいかない。優先して育てなければならないのは、実は、身体の多様な機能なのです。ただし、ここでいう身体とはスポーツができる丈夫な身体というだけでなく、世界とコミュニケーションする時のボディであり、アンテナのようなものです。

表現力が豊かな身体、パフォーマンスができる身体、友達とふれあうことが好きな身体、土や水とコミュニケーションできる身体、土を触《さ》わっていい土だなと感じ取れる身体、今日の空気は全然違うと感じ取れる身体、あるいは自分が生まれたこの世界はどういうもので成り立っているのかを感じ取れる身体、木登りが上手にできるしなやかな身体、ナイフを削《けず》れる身体……つまり人間が生み出してきたいろいろな手作業や文化の基本的な型や技を刻《きざ》み込んだ身体のことです。そういう身体を豊かに育ててあげようと考えれば、それは好奇心という形で豊かな心を育てますし、好奇心がいっぱい湧《わ》くと、いろいろ考えることによって頭も伸びる。つまり、身体を使って感情の興奮を体験していくことをいっぱいさせてあげれば、自ずと心と頭は育ちます。私は身体の成育を優先することが子育てを間違わない最大の秘訣の一つだと思います。

（出典：「子どもたちの幸せな未来を考える⑥子どもの心を本当に育てるしつけと叱り方」）

子どもを見て、いつまでこの状態が続くのかしらと不安なあなたに

子どもの成長を知っていれば子育ては楽になる

汐見稔幸（白梅学園大学教授・副学長）

いつになったらこの子はできるようになるの！

子どもを育て始めたお母さんやお父さんは、聞き分けのない子どもに接して「こんな状態がいつまで続くのかしら」とか「いつになったら聞き分けのある子になってくれるのか」と思い、「この状態がこのまま続くのはたまらない」と悩むことが多いものです。そうならないためには「もう少したてば、こんなことはしなくなる」といった、子どもの成長の見通しを知っておくことです。

たとえば、1歳児はご飯の時に走り回ったり、食べ物を落としたりして本当にいらいらさせられますが、3歳や4歳になってもそんなことをしている子どもはまずいません。4

歳になった子どもに「食べ物を落としてごらん」と言っても、たぶんできないでしょう。こういった、何歳くらいではこうなる、というある程度の育ちの見通しを知識として持っていることが、子育てには大事です。

成長の見通しがあれば、「こんなことをしているのは今だけだ」と子どもの行動をおおらかに見てあげられるようになりますし、「この年齢ではこんなことをしたがるのか」と興味を持つことさえできるようになります。

ただし、子どもの育ちや発達には個人差がかなり大きいことと、男の子と女の子にも違いがあることは忘れないでください。どの子も何歳になったら必ずこうなるというような、決まり切った方程式があるのではないということは頭に置いておかなければなりません。成長が一律的に進むと思いこんで「何歳になったのに、まだこれをやっている」とあせってしまったら何にもならないからです。

子どもの正しい成長とは何歳になったらこれができるというものではなく、「だいたいこの年齢になるとこうなりますよ」という、大まかな知識こそが一番正しいのです。

そのことを知っていれば、2歳の子どもに4歳の子どもの行動を要求したりすることはなくなりますし、4歳の子どもの行動ができないからといって、深刻に悩むこともなくなるでしょう。個人差はそのうちうまってくるものですが、この年齢では相当残ります。

やがてはできるようになるのだということを親が理解していれば、子育てにそれほど憂鬱《ゆううつ》な思いをしなくて済むだけでなく、むしろ楽しみが増えてくるのではないでしょうか。

幼児期の発達段階はおおよそ三つに分けられます。まず最初が0歳から2歳代の中頃まで、次が2歳代の後半から4歳代の中頃くらいまで、そして4歳代の中頃から7歳くらいまでです。だいたい7歳くらいになるといわゆる幼児期を脱皮して、次のステージに行くわけで、それが11歳くらいまで続きます。

それぞれのステップアップの時期とそれぞれの特徴を具体的に説明しますので参考にしてください。ただし、あくまでもだいたいの目安であることは忘れないでください。

第1の目安［2歳半くらい］——乳児から幼児への成長

0歳から2歳半の間にも細かく見ていけば小さな階段はたくさんありますが、この時期は、まだまだ親にいろいろと手伝ってもらわなければ子どもは生きていけないという点では共通しています。この時期は親との濃密な信頼関係、子どもが安心して甘えられる関係を徹底的に重視して育てていくことが大切です。子どもが泣いたり、むずがっているのは、おむつを替えて欲しいのかもしれませんし、おっぱいが欲しいのかもしれません。そうした時は、どうしても手が離せなくてちょっとの間だけ放っておくことはあっても、なるべく早くきちんと満足させてあげることが大事です。ちょっと何かにぶつかって痛がって泣いた時も放っておかないで、「大丈夫、大丈夫」と抱いてあげることが大切なのです。

この時期の子どもは、無条件に信頼できる他者を求めています。ですから、お母さんやお父さんは子どもが何かを訴えたら必ず対応してあげることが大切です。泣いたら必ずおっぱいを飲ませてあげるというようなことですけれど、「どんなことがあっても私は助けてもらえるのだ」という感覚を徹底して体験することで、子どもは深いところで生きることの安心感を手に入れることができます。

「お母さん、お父さんはおまえの絶対的な味方なんだよ。ある条件をクリアした時にだけ、おまえの味方になってあげるのではなく、どんな時でもおまえの味方なんだよ」という信頼感を子どもにも感じてもらうということが、この時期にもっとも大事なことです。2歳代の中頃までで一番大事なことは信頼感であり、子どもが甘えることができる関係にあることとです。「信頼感」はこの時期のキーワードです、他者への信頼感と自分への信頼感という基礎的な体験を2歳代まで、ていねいに育ててあげてください。この時期に厳しいしつけをする必要は全くありません。

それから、はいはいしたり、立ち歩きが始まると、いろいろいたずらが始まります。その時も危険がない限りできるだけおおらかにさせてあげてほしいものです。子どもはそれまで大人がやっていることをずーっと観察していて、いろいろなことが不思議でしょうがないと思っていたり、自分もやってみたいと思っているわけです。冷蔵庫を開けたらいろいろな物が入っているから自分もやってみたいとか、水道の蛇口をひねったら水が出てくるから自分でもやってみたい。大人がやっていることを自分でもやり始めて、自分もできることに気づく。この「自分もできる」ということが、子どもの自尊心を育《はぐく》みます。〈私は何かやれる〉という自分に対する信頼感です。

1歳代までの子どもは、非常に危険なことをした時はともかく、ちょっとしたいたずらをしたからといって「絶対に許さない」と言っても、それが通用する年齢ではありませんし、そういうことをやるべき年齢でもありません。

コンセントで遊んで危ないというような時は、「これはだめよ」と厳しく言うこともありますが、そういったことはそれほどはないはずです。スプーンで食べずに手で食べても全く問題ありません。4歳くらいになれば「手で食べてご覧なさい」と言っても絶対に食べなくなります。4歳児には手で食べるのを見られたら恥ずかしいという気持ちが出てくるからです。そういう気持ちがたくさん出てきたら、しつけは一気に進みます。逆にそういう気持ちが十分にない時にしつけをしようとすると、とても難しくなってしまいます。

この時期にも、こういうことはしてもよい、これはいけないということは少しずつわかっていきます。ですからしてはいけないことは適切に禁止してやる必要はありますが、だからと言って2歳になった子に、ほめ言葉を次々と伝えるということは感心しません。親の期待通りにできると大げさにほめて、できないと叱る、あるいはがんばれと言うことをこの年齢から始めますと、まだ依存的である分、よけいに親の評価を気にする子になってしまうからです。自分の本当の気持ちを出すのが苦手で人のよい評価ばかり求めようとする子になりがちです。そういう子はあとで苦労します。

ちょっと扱いにくくなる時期がやってくる

2歳半くらいになった子どもは、とてもいたずら好きになってきます。1歳代の後半から本格的に始まりますが、子どもは自分のまわりにあるものを積み上げたり倒したりといったいたずらが大好きになります。少しずつ「自分でやりたい」ことが増えてきますから、危険がない限りできるだけさせてあげてください。

また、それまでは靴や靴下をお母さんやお父さんが履《は》かせても文句を言わなかったのに、自分でやりたくなります。その気持ちを主張する自我や感情が発達してくるので、2歳代の中頃から後半になると「自分で履く」と言い出します。

しかし、子どもは自分で思っているほどには手先が起用ではないので、なかなかうまく履けません。こういう時に「自分でやるといったのに、なんでできないのよ！」と言ったり、見かねて「まだできないからお母さんがやってあげるね」などと言って取り上げて履かそうとすると、ものすごく怒り出したりします。また、右左が反対だからと脱がそうとすると怒り出したり、靴や靴下を投げつけたりします。こういう時はしばらく様子を見て、「ママ、手伝ってあげようか」という程度にして、子どものプライドを大事にしてあげてください。子どもは何をするにも時間がかかりますから、外出の時も早めに出るといったゆとりも必要です。

　また、それまでは寝る前にお母さんが歯を磨《みが》いてあげていたのに、「これからは自分で磨く」と言いだして真似をしたがるのもこの頃です。「じゃあ、やってごらんなさい」とやらせてみると、しばらくしてまた「ママ、磨いて」と言ってきたりします。その時に「何いっているの、自分で磨くって言ったじゃないの！」などと突き放すと怒り出します。

　このように、それまでと違いちょっと扱いにくくなるのが2歳代の後半からで、一般的に「反抗期」と言われています。程度の差はありますが、どの子にもこうした時期が訪れて、親に対して反抗的になるのが普通で、お母さんの言うことを素直に聞いてしまう子どもの方がむしろ心配です。

　この時期の子どもは、それ以前よりも手先が器用になってきますし、「自分はこれをやりたい」というイメージを持つ力が急速に発達し、感情の力も豊かになってきています。しかし、実際にはまだうまくできるだけの力がないために、自分にイライラします。つまり、甘えることと自立して自分でやることとが共存しているのです。自立したいのだけれどできない不安定な段階ですから、自分でやりたいという気持ちを大事にしてあげなければならない一方で、自分にできないことを「やって！」と甘えてくることも大事にしてあげなければなりません。依存したい気持ちと自立したい気持ちのどちらが出てくるかは日によって違います。でも、自分でできることの喜びを体験していけば、自分でやることは少しずつでも必ず増えていきます。

親としてこの時期に大切なのは、子どものいらだちや、行きつ戻りつしながら少しずつできるようなっていく過程を理解して、子どもの成長をじっくり見守ってあげることです。

4歳半くらいから5歳くらいになると、自分でやるべきことは「がんばって一人でやってごらん」という形で突き放してもいいでしょうし、約束を守れなかったのだから「お尻を出しなさい」と言っても意味がわかりますが、それ以前は理解できません。

幼児期に入る2歳半から3歳過ぎ

2歳半くらいに始まる「反抗期」の階段を上がって3歳を過ぎるあたりになると、それまで残っていた赤ちゃんぽさ、乳児ぽさがなくなり、本格的な幼児期に入っていきます。自分でいろいろなことをやり始めますし、やがて幼稚園や保育園に行くようになると、順番を守るといった初歩的なルールを守れるようになります。

4歳頃になりますと、お母さんが「後でね」とか「明日にしてくれる」と言うと、その意味が理解できるようにもなります。それまでの聞き分けのなさ、なぜ泣いているのかわからないということも少なくなり、会話も楽しくなってきます。

「ママ、雨はどうして降ってくるの?」といった、自分の持っている言葉の中身やイメージを確かめ直すような問いがたくさん出てきて、知的にもかなりしっかりしてくるのがこの時期で、だいたい5歳くらいまで続きます。

また、3歳に入る頃から友達と関わるようになって、自分ひとりで遊ぶだけでなく、自分の創造力と友達の創造力を合体させて、もっとおもしろいごっこ遊びをすることが大好きになってきますから、友達と遊ぶチャンスを増やしてあげましょう。3歳代はルールが初めてわかる段階ですから、それほどいろいろなルールを教える必要はありません。一つ二つのルールが守れるようになれば十分です。

そうした知的な成長がある一方で、まだまだ好奇心まかせで社会性がいまいちなのもこの時期の特徴です。たとえば、友達がケガをして松葉杖《まつばづえ》をついていたとすると、その松葉杖だけに興味が集中して、「その松葉杖、ちょっと貸して！」と取りに行こうとしてしまうのです。「○○君は松葉杖がないと困るのよ」と言っても好奇心が勝ってしまい、「取っちゃダメよ」と何度も言わないとわからないのが4歳前後です。

第2の目安［4歳半くらい］――他者を理解し、自分を意識し始める

4歳半を過ぎ、自我の育ちが順調に進んでくると、子どもは「自分が人からどう見られているか」ということに関心を持つようになります。足を上げて食事をしたり、手でつかんで食べるなどということは、恥ずかしくてできなくなってきます。社会の規範を内面化し始めたのです。この時期になったら社会的なルールをていねいに教えていけばいいでしょう。3歳代はその練習と考えてください。

この時期の子どもには「他の人はできるのに自分ができないのは恥ずかしい」「他人にできないと見られるのがいやだ」という気持ちが芽ばえます。それは、子どもの心の中に他者が位置づけられてくるということです。自分の中にもう一人の自分が少し出てきて、他者が困っているのに自分が無茶なことをしてはいけないということもわかってきます。

先ほどの松葉杖の例で言うと、友達の松葉杖を自分も使ってみたいと思っても、取りに行かないで、「大丈夫？」と言えるようになるのです。

このように、他者の存在を理解し、社会性の育ちと自己像（セルフイメージ）の育ちが描けるようになるのは5歳以降です。ということは、この間の4歳代に発達が起こっているわけです。

5～6歳になると大人との会話もある程度できるようになってきます。しかし、この時期の子どもにとってはまだまだ親が絶対です。何か悪いことをしてしまい、「どうしてそんなことをしたの？」と叱られると隠しておけません。お母さんの財布からお金を黙ってとっても言い訳をしたり「盗んでない」とは言えずに、「盗んだ」と言ってしまいます。

5歳の反抗期とは？

最近のお母さん方に「反抗期は何歳だと思いますか」というアンケートをとると「2歳」と「5歳」という答えが返ってきます。2歳は先ほど述べたようにいわゆる反抗期ですが、5歳がなぜ反抗期と感じられるのでしょうか。

幼児期の後半に入った5歳くらいの子どもは、人からの評価が気になり、態度もずいぶんしっかりしてくる一方で、運動能力や身体が成長して、お母さんの手の平の上だけで遊ぶことでは満足しなくなります。昔の子どもであれば木登りをしたりブランコに立って乗ったりと、冒険をしてみたくなる年齢なのです。しかし、そうした行動に対して親は心配になって、「やめなさい」と言うことになります。

また、この時期の子どもは遊びがダイナミックになってきて、一つの物だけで遊んでいたのでは満足できません。次から次へと関心が発展していきますから、親から見ると、「次の遊びに行くのなら、さっき遊んでいたものはしまいなさい」ということになりますが、子どもにはそんなことは関係ありません。「今はこっちで遊んでいるけれど、興味がちょっと移っただけで、またすぐに戻るかもしれない。なぜしまわなければいけないんだ!?」というのが子どもの気持ちです。

親にとって、行動のレベルが高くなり、範囲も広がってくるこの時期の子どもは、自分の言うことを聞く範囲を逸脱《いつだつ》しています。そこを認めてくれる親であれば子どもは安心できますが、「やめなさい!」「何してんの!」とうるさく言われると、イライラして反抗的になってしまいます。親の方は、子どもが扱いにくくなった、と思います。自主性が豊かになり、行動が活発になってくることで、それまでのように言うことを聞かなくなるので、扱いにくく感じられるというわけです。

反抗期の上手な対応

反抗期とは、ある意味で、子どもが成長してそれまでと行動パターンが変わりつつあるにも関わらず、親がそれ以前の行動パターンを要求するために、子どもとの間の軋轢《あつれき》が強くなってしまうという現象です。ですから、上手に対処すればそれほど反抗的になることはありません。

まずは、それまでと違う反応が子どもから返ってきた時には、子どもが違う段階に進みつつあるのかなと思うことです。前に書いた、2歳の子どもが自分で靴を履《は》くと言ったのにうまくできないので手伝おうとしたら「うるさい」みたいな感じになった時には、内心で（あっ、来た来た。こういう時期が来るって聞いていたとおりだ）（へぇー、おもしろいもんだなあ）と思ってくれれば、子育ては楽になるはずです。ところが、それまでと同じことを子どもに要求して「なぜこの子は私に反抗的になったのか」と考え込んでしまうと悪循環に陥《おちい》ることになります。

子どもの意志を認めない親は要注意

しかし、こうした変化にうまく対応できなかったからといって、子どもが次の段階に上がれなくなるということはまずありません。子どもがさらなる自立を望んでいるのに、親が後ろにひっぱってしまうわけですから、多少は発達の邪魔をすることにはなるでしょうが、それが子どもに決定的な影響を与えるわけではありません。子どもは親子関係だけで生きているわけではなく、幼稚園や保育園の友達や近所の友達との遊びを通して、親が知らないうちにいろいろな体験をして育っていくという点は変わりないのです。

子どもが感情的にイライラすることによって、精神的な健康を多少損《そこ》なってしまったり、うまく対応すれば親子のよいコミュニケーションができるのに、その機会を生かせないということはあり得ますが、通常はこれも大した問題にはなりません。ただし、子どもが自分の手の平から出ていくことを絶対に許さないとして極端に厳しくすると、ネガティブ(否定的)な影響が出てくることはあります。

たとえば、子どもの意志を無視し、習い事や勉強の方法についてすべてを決めてしまう親がいます。そして「次には何をやるのよ!」「早く帰ってきなさい!」といった形で、子どもを自分の手の平の中に囲い込み、子どもの自立を許さないのです。子どもは当然イライラしますが、親の愛が欲しいから我慢して親の言うとおりにします。いわゆる「過剰適応」をして乗り切るわけです。別の言い方をすれば、親の期待に応えようとして「とてもよい子」になるのです。自立したいという欲求や、やりたくないという気持ちといったいろいろな思いがあっても、それを出してしまうと親によい子だと思われなくなるからと我慢をする。我慢して我慢して感情を押し込めますが、人間の感情はいくら押し込めてもなくなるわけではありません。そのようにして押し込められた感情は、思春期になって自我が変容する時に必ずネガティブ（否定的）な形で噴出します。

子どもの成長過程では、親の期待を超えていくような反抗があるのは普通のことです。もしも反抗がないとしたら、自分を抑圧して「よい子」になりすぎて生きている可能性があります。反抗の少ない性格の子どももいますから、すべての子どもが抑圧しているとは断定できませんが、親が自分の行動を振り返ってみることは必要でしょう。

第3の目安［7歳半くらい］――親の庇護《ひご》から離れ、自立を始める

子どもが小学校に入学しても、6～7歳（小学1～2年生）くらいまでは、発達の段階としてはまだ幼稚園や保育園とのつながりが強い時期です。

しかし、7～8歳（2～3年生）くらいになると、親よりも友達との約束の方が大事になり、少しずつ親に秘密を持つようになってきます。友達とどこかへ遊びに行った時に、「これは内緒だぜ」とか「誰にも言っちゃだめ」と友達と約束すると、親が「どこへ行ってきたの？」と聞いても「別に」と言ったり、根掘り葉掘り聞いてもはっきりと答えなくなるといったことです。親との人間関係が絶対だった時期が終わり、親との人間関係は相対化して、友達との親密な人間関係が始まるのです。

親から見ると生意気になったように見えたり、心配になりますが、冷静に見れば、それ

までは親の手の平の上で行動するしかなかった子どもが、少しずつ外へ出ていき、自分で決定できるようになってきた、つまり自立し始めたということです。

たとえば、2年生くらいの子どもはよく学校の校区以外の隣の町に行きたがったり、実際に行ったりします。自分が生まれて生きている場所が他の世界と無限につながっているということが、だんだんわかってくるからです。そこで、知らないところへ行って戻ってくるということに興味を持ち、それを遊びにしてしまうわけです。

その時に必ず友達と行ったりするのは、親に手伝ってもらわなくても友達と十分にできる、という気持ちのあらわれでもあります。親の庇護《ひご》から、友達との関係を大事にするという段階へ移るこの時期は、友達を作ることや、友達とたくさん遊ぶということが大事なテーマになります。

「何時に帰っておいで」と言っても、友達と一緒に遊んでいて帰ってこなくなったりするのもこの頃です。そうしたわが子に淋しさを感じる親もいますが、それは子どもの人間としての成長を引っ張ることになりかねません。

むしろ、子どものなすことやることをいちいち見ていないで、「好きなようにやってこい」という気持ちでいれば難しい関係にはなりません。隣の町に行って遊ぶのをおもしろがったりする時期に、いちいち「危ないでしょ!」と言ったりすると、子どもはだんだん反抗的になって、言うことをきかなくなってしまいます。

具体的な物から抽象的な概念へ

子どもが自分で決定できるようになるということは、それだけ知的能力の育ちが大きくなったということです。この時期の知的な変化は著しく、たとえば「人間という言葉を聞いて連想する言葉を書きなさい」という問いに、1年生は「お母さん、お父さん」「おばあちゃん」と書きますが、2年生になると「足」「走る」「食べる」というように人間の行動にイメージが移っていき、3年生になれば「火を使う」「言葉を使う」という答えが出てきます。「人間」を「お母さん」という具体的な対象で表すのではなく、「人間」一般とは何かという抽象的な概念で表現できるようになるのです。このように子どもは8～9歳になると急速に抽象的な思考ができるようになっていくのですが、それは7歳くらいから始まります。

小学3～4年生くらいの教科書には、「○○県は人口が多い県で……」といった文章がたくさん出てくるようになります。何気ない文章ですが、よく考えると「人口」も抽象的な単語です。

耳の聞こえない子どもは「お母さん」という言葉はわかりますが、「人間」という言葉は理解しにくいものです。「江戸時代」もそうですが、触わって確かめられないものごとについては、耳の聞こえない子どもはとても理解しにくいのです。そこで、7〜8歳くらいになって抽象的な物事が増えてきた時に、抽象的な世界があるということを理解させ、それを理解するための壁を越えさせることが大きなテーマになっています。

いわゆる健常な子どもたちは、この壁をやすやすと越えていきますが、今の学校教育には計算の点数や漢字の書き取りは評価できても、一人一人の児童が抽象的な思考力をどのくらいつけているかを評価することはできていません。おそらく実際には抽象的な思考力ができる子と、抽象的な概念の獲得につまづいている子が、小学3〜4年生くらいの段階で分かれていると考えられます。計算の点数や漢字の書き取りも意味のあることですが、あるパターンを何度も繰り返すことでできるようになる計算の能力を高めても、抽象的な思考力を身につけることにはならないからです。

抽象的な思考力を育んでいくには、具体的な物から抽象的な概念へと丁寧《ていねい》に段階を踏む必要があります。それには、具体的な世界をある年齢まで十分に経験し、その体験を丁寧に言葉にしていくことです。

また、日常会話やテレビを見ている時に「人口ってなに？」「そうね。この町にどのくらいの人が住んでいるのかってことだよ」とか「人口って多い少ないって言うんだよ」というような会話を何気なくしていることは、子どもが抽象的な思考力を育てる助けになるでしょう。

教えるというよりも、ある物事について「これはどういうことか」という丁寧なコミュニケーションが大切です。知的な態度や能力はそうした積み重ねでできてくるからです。たとえば、会話をしていて「いまの意見はすごくおもしろかったけれど、何を根拠にそういうことを言っているの？」と聞いてみる。「それはこうこうだから」と答えたら、「一方的な思いつきでなくて、証拠をちゃんと考えている、それが大事なんだよ」と、因果関係の大切さを丁寧に伝えていくというようなことが大切なのだと思います。

因果関係の大切さはそうしたことだけでなく、実際に物を作る時に、こうやったらこうなるという関係がわかるということでもあります。子どもはいろいろな機会を通して、因果関係をしっかりわきまえなければいけないということを学んでいきますが、その一つは間違いなく親子のコミュニケーションを通してなのです。

そうした細かな配慮があるかないかで、抽象的な概念を理解する能力に差が出てきます。

ところで、ここまで説明したような大まかな発達は、誰かにちょっと聞けばわかることだと思います。「こういうことはいつごろできるんですか？」「うちの子は4歳くらいね」

「それはいくつくらいにならないと無理ですよ」となれば、（自分の子どもだけができないわけじゃないんだ）とほっとできます。こういった情報交換は子育てにとってとても大事なことです。

（出典：「子どもたちの幸せな未来を考える⑫年齢別の子育て・育児、なるほど知恵袋」）

第2章

子どもの心が見えると子育ては楽しい

子育てが下手でも恥ではない

正高信男（京都大学霊長類研究所教授）

子育てが下手なのは愛情が不足しているから？

「子育ては愛情さえあればうまくいく」「女性はもともと母性愛を持っているから、どんな女性でも子どもを生むとその母性愛が働いて子育てはできるはず」と言われます。

もちろん、愛情は大事ですが、愛情があるからといって子育てがうまくできるというものではありません。愛情と同時に必要なのは経験と技術です。

現在、自分の子どもを生んで初めて幼い子どもに接するという母親が、6人に1人くらいいると言われています。昔は兄弟や姉妹が多く一人っ子の家庭はむしろ少ない方でした。また、一歩外に出れば地域社会の中で近所の子どもや知り合いの子どもと接することは当たり前でした。そうした環境で育てば小さい子どもをどう扱ったらいいのかわかりますが、今ではそうした地域社会はありません。幼い子どもと接する機会がないままに、母親になる人が増えているのも当然のことです。

にも関わらず、子どもを生んだからといって「母親は愛情があるからできるはず」というのは酷《こく》だと私は思います。逆に言えば、できなかったら「私には愛情がないのか」ということになってしまいますが、そんなことはないと思います。

最近、子どもを虐待《ぎゃくたい》したり殺したりしてしまう親がニュースをにぎわせていますが、そういう親の気持ちがわかるという母親は案外多いのではないでしょうか。虐待したり、殺してしまった親に一方的に「あなたは子どもへの愛情がないのか」と言ったら、それは気の毒です。愛情はあったのかもしれません。けれど、いくら愛情があっても赤ちゃんに一度も接したことがなく、まわりからの助けもなければ、うまく子育てをしようとしても無理です。

子どもと接した経験がなければ、子育てが下手に決まっています。それは恥でもなんでもありません。全ての人が下手からスタートするのです。子育てが下手だという事実を素直に受け入れて、技術＝ノウハウを学ぶことから始めればよいと思います。恥ずかしがらずに誰かに尋ねたり、同じくらいの子どもを持っている母親と相談して、みんなで上手になっていけばいいことです。愛情が少々なくても技術に裏打ちされていれば自然に愛情は湧《わ》いてきます。でも愛情があっても技術は湧いてきません。

そこで、子育てが上手になるためのヒントをいくつか書いてみましょう。

放っておいたら言葉は話せない

ほんの15、16年前まで、意味のある言葉を発する1歳くらいより前の、乳児の言葉の獲得についての研究は、全くといっていいほどありませんでした。研究者は言葉を発し始めた赤ちゃんが、「どんな言葉を話しているのか」にばかり注目していたからです。そして、放っておいても人間の子どもは言葉が出るようになる、何も練習をするようなことはないのだと思われていました。ですから、0歳の赤ちゃんに絵本を読んでも効果はないと言われました。しかし、私たちの研究によってわかったのは、「そんなことはない。0歳の子どもも言葉を獲得するためには涙ぐましい練習をしています。放っておいたらおしゃべりすることはありませんよ」ということです。

私はサルの研究をしていますが、言葉の話せないサルの研究では行動パターンを観察することが中心になります。その眼で人間の赤ちゃんを観察してみると、1歳以前の赤ちゃんも、一生懸命に周囲とのコミュニケーションを求めていることがわかりました。

赤ちゃんが言葉を話すまでのコミュニケーションについて、段階的に説明します。

笑いも手足のバタバタも会話の練習

泣くことしかできない新生児との、もっともわかりやすいコミュニケーションは授乳です。誰でも経験のあることだと思いますが、おっぱいを吸ったり、哺乳瓶《ほにゅうびん》でミルクを飲んでいる赤ちゃんは、吸っては少し休み、また吸うというふうに、一定のリズムで飲んでいます。赤ちゃんのノドの構造は大人と違い、ミルクを飲みながらでも息ができるようになっていますから、ミルクが飲み込めなくて休んでいるのでも、飲み続けると息が苦しいからでもありません。

実は、赤ちゃんが飲むのを休んでいる時は、抱いている大人が揺さぶってくれるのを待っているのです。実際、ちょっと乳首から赤ちゃんを離して揺さぶり、また乳首に近づけると、3秒ほどでまた吸い始めるはずです。休んでいる時は、親が揺さぶったり、「よしよし」と声を掛けてくれるように休んでいる。つまり、赤ちゃんは本能的に養育者とのコミュニケーションを求めているわけです。

また、生後6～8週間くらいになると、泣き声とは少し違う声を発していることに気がつくと思います。赤ちゃんに慣れないお母さんにもわかりやすいのは、気持ちよくくつろいでいる時に発する「クー」といった声です。注意深く聞いていると、その声が何か「感情」を表していることがわかってくるでしょう。「クーニング」と呼ばれているこの発声は、赤ちゃんが声で周囲とコミュニケートしようとする最初の行動で、最初の発声から1か月くらいの間に回数が増えていきます。しかし、続けて出すことはほとんどなく、一度声を出すとしばらく間をあけてからまた声を出すことが多いはずです。赤ちゃんがお母さんやお父さんの返事を待っているからです。声を出すことで親に反応してもらいたい、気づいてもらおうとしているのです。ですから、この声を聞いたら返事をしてあげてください。

それからしばらくすると、今度は「アック」や「クォイ」といった声を出すようになり、ミルクが欲しいなどといった欲求を声で伝えようとします。

生後3～4か月半くらい経つと、赤ちゃんの発声器官は成長し、それまでは笑っても鼻から空気が抜けて、ネコがノドを鳴らすような「グググッ」という声だったのが、「ハッハッハ」と口から声を出して笑うようになります。この「ハッハッハ」は自分の感情を伝えようとする笑いであり、言葉を話すための準備運動でもあります。

最初はそれほど長くは笑えませんが、生後5～6か月になると笑いながら足を伸ばしたり曲げたり、空を切るようにバタつかせるようになります。危ない動きのように見えることもあるかもしれませんが、足をバタバタさせるリズムで笑える時間を引き延ばそうとしているのです。これは声を出すための呼吸のトレーニングであり、いずれ話すための息づかいへとつながっていきます。

足のバタバタが少なくなってくると、今度は、おもちゃやスプーンを机や床にたたきつけるようなしぐさをしたり、左手か右手を水平にしたり垂直にしたり何度も振ったりする動作が始まります。これを「バンキング」と言いますが、こういった動作が始まった頃には、赤ちゃんは以前よりも速く、細かい息で笑うようになります。大人が話すような息づかいにまた一歩近づいたのです。

子音と母音の発声練習

生後6~8か月くらいになると、クーニングの「アック」や「クォイ」といった声が「ババババ……」「ダァー」というように変化し始めます。たとえば「クー」と言っていたのが「アーアー」になり、「ウワァウワァウワァ」となって、やがて「ババ……」「ダダ……」とだんだんと変化していきます。どれも意味のない声なのでたいして変わりはないと思うかもしれませんが、実はこれは言葉を話すようになるためのとても大切な変化です。

「アック」「クォイ」と「ババババ」「ダダダ」との違いは、後者は音が複数あり、各音節が子音プラス母音になっていることです。たとえば「さくら」という単語は「さ」「く」「ら」という3つの音からできています。そして、それぞれの音は子音プラス母音（SA・KU・RA）でできています。「ババババ」「ダァー」には単語としての意味はありませんが、赤ちゃんが大人が普段使っている言葉と同じ構造を持った言葉を発音し始めたということです。

5〜6か月の時に、手ぶりの動きと笑いのテンポが相互に作用し合ってだんだんと速くなっていったように、ここでもまた、「ババババ」や「ダァー」と発するリズムは手の動きに合わせて速くなっていき、徐々に発音もはっきりしてきます。そして、子音が大人とほぼ同じくらい発音できるようになると、バンキングはぱたりと止まります。

このように、大人から見るとほんの小さな変化かもしれませんが、赤ちゃんの中では段階的に、そして着実に言葉を話す準備が整えられていきます。どの段階でも大切なのは、人間には生まれた時から「コミュニケーションしたい」という本能が備わっており、それを上手に刺激してあげるためには、まわりの大人が語りかけてあげることが必要だ、ということです。どうせ意味がわからないのだからと誰も全く話しかけなかったら、赤ちゃんは決して言葉を覚えません。

ミルクを与える合間に揺《ゆ》さぶって「よしよし」などと声をかけることで、語りかけと揺さぶられる心地よさとが結びついて記憶され、「コミュニケーションしたい」という気持ちが育っていく。意味がなくても声を出してみると、何か答えが返ってくるからまた心地よいと感じる。自分を世話してくれる人が声をかけたり、お話をしてくれたり、歌を歌ってくれて自分をかまってくれることが嬉しいから、コミュニケーションをとりたくなる。それが言葉を覚え、話をすることにつながっていきます。

言葉を話さない赤ちゃんは、慣れないと何を考え、何を欲しているのかがわからないと思うかも知れません。でも実は、話せない赤ちゃんも一生懸命に周囲の大人とのコミュニケーションを求めています。赤ちゃんの動きを冷静に観察して、どんな時にどんな反応をするのかを身につけていけば、すこしずつでもどう対応すればいいのかがわかり、子育てはだんだん上手に、楽になっていきます。

新生児は親の声を聞いている

赤ちゃんとのコミュニケーションで一番大事なことは、お母さんがお話をしてあげることです。

たとえば、生まれたばかりの子どもを初めてあやしてみても、芳《かんば》しい反応がないので意味がないのではないか、どんな言葉をかければいいのかと戸惑《とまど》うかもしれません。しかし、話しかけるのは単純なことでいいのです。「○○ちゃん」と名前を呼んでもいいし、「ばあー」と言って笑いかけたり、「よしよし」と言いながらリズミカルに揺さぶってもいいでしょう。「ミルクをたくさん飲んでね」「おはよう、今日は天気がいいね」「さあ、オムツを替えようね」「ちょっと待っててね」「もうすぐ行くからね」など、要はなんでもいいのです。肝心なことは、生の声で「ゆっくり」「やさしく」話しかけることです。その時にできれば、少し高めの声で、少しオーバーなくらい抑揚《よくよう》をつけた方がわかりやすいでしょう。

新生児は目はまだよく見えなくても、耳はずっと早くから発達していますし、母親の声はきちんと聞き分けています（ちなみに眼科医の調査によると、子どもが大人並みの視力になるのは4〜5歳だということです）。母親とそれ以外の何種類かの女性の声を聞かせてみた実験でも、お母さんの声には他と違う反応が出ています。それは、赤ちゃんがお腹の中にいた頃から、お母さんの声が羊水を伝わって振動波として赤ちゃんの耳には届いているからです。生まれたばかりの赤ちゃんにとって、お父さんの声は他の人と同じ声に過ぎませんが、お母さんの声はちゃんと届いているのです。

シンプルなおもちゃが、いいおもちゃ

お話をする時には何も材料がなくてもいいのですが、何かないと間がもたないのであれば、媒介として絵本やおもちゃを使ってもいいでしょう。それで子どもが反応したら、それに対してまた反応してあげることが大事です。なくてもうまくできるなら、なくてもいい、必要な人は使えばいいわけです。

「子どもにおもちゃを与えておくと相手をしないで済む」からと、子どもと接するのを避《さ》けるために、あるいは子どもと接するのが面倒だからと、子どもの興味をそそる新しいおもちゃを次々に買い与える親がいます。しかし、小さな子どもにおもちゃを与えるのは、子どもに一人で時間をつぶさせるためではなく一緒に遊ぶためです。幼児にとって遊びはコミュニケーションの一つでもあります。そして、おもちゃはそのための媒介です。

ところで、いま日本で一般に与えられているようなおもちゃは、ごく最近できたものです。いまでも世界の貧困な地域に行けば、そんなおもちゃはありません。そうした地域の子どもは、大人がわざわざおもちゃを与えなくても、目に入るすべてのものが全部おもちゃになります。

昔、研究のために南米のアマゾン川の流域を訪れた時、現地の子どもたちがただの板き

れにひもをつけたもので、かなり長い時間遊んでいたのを見たことがあります。あちこち引っ張り回したり、野花を積んで載《の》せたりして飽《あ》きることがありませんでした。こうしたシンプルなものこそが、世界共通のおもちゃの基本であり、遊びの原型ではないかと思います。おもちゃを発見し遊ぶ能力はすべての子どもが持っていますから、ころがったり、はねたり、持って投げたりできるものであれば、なんでもおもちゃになります。

むしろ、子どもの脳の発達にとっては、日本でいま売られているような遊び方が限定されているおもちゃは好ましくありません。シンプルなおもちゃで遊び方を考え、飽きたらまた新しい遊びを発見していくという、「飽き」を克服するという知的な作業が行われないからです。

また、遊び方の限定されたおもちゃで子どもと一緒に遊ぼうとすると、子どもとのコミュニケーションが阻害されるように思えます。おもちゃを媒介として子どもと遊び方を考えること自体が、すでにコミュニケーションになっているわけですが、そうした余地がないからです。よいおもちゃとは、一つのおもちゃに別なおもちゃを組み合わせて全く別な遊びができたり、ひもや布や紙などを使って工夫することのできる自由なおもちゃです。

いろいろな人が愛情や好意から子どもに様々なおもちゃをプレゼントしてくれますから、おもちゃが増えることは避けられませんが、何をどう与えるかは考えるべきですし、たくさんのおもちゃを一度に与えるのも考えものです。飽きた時に自分で考えて乗り越えることを学ばない子どもは、集中力や思考力に欠け、飽きっぽくなってしまいがちです。

一つの物語を飽きるまで話す

「子どもとどう遊んだらいいのかわからない」というお母さんは絵本を読んであげてはどうでしょうか。生まれたばかりの赤ちゃんは、もちろん物語の内容を理解することができませんが、お話がうまくできないお母さんにとっては一つのきっかけになります。

絵本はまた、言葉を覚えるためにも役立ちます。でも、たくさんの絵本の中から選ぶのは難しいことです。そこで、評判がいいから、評価の高い絵本だからという理由で選んだり、大人が自分の趣味で絵本を押しつけがちですが、それは逆効果です。何冊かの絵本を読んであげる中で、子どもが気に入った絵本を見つけてあげてください。「なぜこんな話が……」と思うこともあるでしょうが、それが「お気に入り」なら、せがむのを疎《うと》まずに何度でも読んであげることです。

評判のいい絵本、評価の高い絵本をと次々に読んだり、たくさんの物語を読んだ方が情操教育に役立つと考えるかも知れませんが、それは子どもをいたずらに混乱させるだけですし、言葉の習得という面からいっても逆効果です。子どもは同じ話を繰り返し繰り返し聞くことで「言葉の核」を作っていきます。その物語をすべて暗記してしまうほど子どもの中にしみこんでいってこそ、言葉が子どもの心に根付いていくのです。特に3歳くらいまでの子どもは、同じ話を何度でも聞きたがります。辟易《へきえき》することもあると思いますが、子どもが飽きるまで根気よくつきあってあげましょう。

テレビやビデオでは言葉は覚えられない

「言葉の核」はお話や絵本の読み聞かせのような「語りかけ」によって作られますが、同じように見えてもテレビやビデオ、ラジオでは言葉を覚えることはできません。まだ言葉を話せない赤ちゃんに、たとえ一日中テレビやビデオを流していたとしても、その「音」を言葉とは認識できないでしょう。なぜなら、そこには人間の「コミュニケーションをしたい」という本能への働きかけがなく、一方通行の情報に過ぎないからです。

しかし、すでに言葉を話し始めている子どもであれば、テレビやビデオから流れてくる音が言葉であることはわかります。長く見ていれば、テレビの言葉を真似てしゃべることもあるかもしれません。ただし、こうして得た言葉が、本当の意味で「言葉の核」となるのかどうかは疑問です。語彙《ごい》は増えたとしても、会話という人と人とのコミュニケーションの力を育てることはできません。つい忙しいとテレビやビデオを子守り代わりにしてしまいがちですが、おとなしく見ているからと放っておくと大変なことになるかもしれません。

コンピューターゲームの影響についてはいろいろなことが言われていますが、発売してからまだ年月が経っていないこともあって、長期にわたる影響についてはわかっていないのが現実です。

ただ、私が7年前に行ったある中学校でのいじめ調査においては、ある傾向が見られました。

いじめのあるクラスは、いじめを傍観《ぼうかん》しているグループと、止めようとしたり非難するグループに分けられるのですが、それぞれのグループに欲しい物を聞いてみたところ、傍観者グループの答えに圧倒的に多かったのがコンピューターゲームだったのです。コンピューターゲームだけが原因だとは言えませんが、人間関係を希薄にしている可能性があることは否定できないと思います。

子どもを育てる時に、子どもに教えてあげよう、賢くしてあげよう、英語を教えてあげようという教育的な義務感みたいなものに基づいても、それは長続きしません。なぜなら、親が子どもと接することが楽しいと思えないからです。

子どもとつき合っていて「ああ、おもしろいな」と思えなければ、お話はしてあげられません。親が子どもとつき合うことをエンジョイできるのならば、絵本やおもちゃでなくてもいいと私は思っています。本当に楽しいと思えたら、それが子どもとの自然なコミュニケーションになり、子育てはうまくいくようになるはずです。

(出典:「子どもたちの幸せな未来を考える⑩子育て　これだけは知りたい聞きたい」)

子どもとべったりしすぎると思っているあなたへ

スキンシップは脳も心も自立心も育てる

山口 創（聖徳大学講師）

スキンシップに迷わないで

子どもへのスキンシップは重要だという意見と、スキンシップをしすぎると子どもの自立心が育たないのでよくない、という対立する意見があって、本当はどちらなの、と困っているお母さんがいますが、実はこの結論ははっきりしています。

日本ではかなり前から母子密着型の「べったり育児」が行われていました。家事をする時もおんぶひもで背負ったり、母親が抱けない時は祖母が世話をしていました。眠る時も添い寝をするだけでなく、同じ部屋で一緒に寝ていました。

しかし、欧米から科学的育児法が入ってきて、赤ん坊が泣いても簡単に抱いてはいけない、むしろ放置しておいた方が自立を促す、として否定されました。

もともと欧米でも子どもに温かい愛情をたっぷりかけ、いつでも赤ちゃんのそばにいて触れていたのですが、近代化、合理化が進む中でそうした育児は非合理的であると否定されてきました。その典型的な考えは、両親は子どもに対して愛や慈《いつく》しみといった情緒的なものを与えるべきではなく、理性的な判断によって接するべきであるというものです。

こうしたことを主張する医者や学者の考えに、当時の母親たちは混乱しましたが、結局、赤ちゃんが泣いてミルクを求めても、あえて決められた時間が来るまでは部屋に一人で放置したりしました。

しかし、自立のために子どもにあまり触れてはいけないという考え方は過去の話になり、いまでは「積極的に触れましょう」という風潮になっています。抱っこされたり、親からいろいろな世話をされて、心理的にも身体的も欲求を満たされた子どもが、自立心が損《そこ》なわれたり、わがままになるということはありません。むしろ十分なスキンシップによって安心感を得た子どもには自立心が育つ基礎ができる、ということがわかってきました。

スキンシップが自立心を育てる理由

スキンシップをした方が自立心が育つのは、十分にスキンシップをした子どもは、ある年齢になると自然に親から離れていくからです。自分が十分に受け入れてもらったという基本的な信頼感があるので、ある年齢になると冒険をしに離れていけるわけです。ところが、スキンシップが足りなかった子どもは、いつまでもべたべた触れてきます。

アメリカの発達心理学者・エインスワースは、子どもが泣いたり、笑顔を見せたり、後を追ってきたりした時に、母親がどういう反応を示すかによって三つのタイプに分類しました。

一つ目は、子どもの欲求にすぐに反応するタイプで〈安定型〉と呼んでいます。このタイプの母親に育てられた子どもは、たとえ母親が視界からいなくなっても、またすぐに戻ってきてくれることが確信できているので、不安になりません。そして、母親を〈安全基地〉として利用することで探索行動へと発達することもできるのです。

二つ目は、子どもの欲求になかなか反応しないタイプです。このタイプの母親を持った子どもは、母親が信頼できないので少しでも母親がいなくなると不安になり、よく泣くようになります。母親から離れて探索に出かけることもあまりできません。これは〈アンビバレント型〉と呼んでいます。

三つ目は、子どもの欲求を拒否するタイプです。いつも母親に拒否されていると、子どもは拒否される辛さを避《さ》けようとして、最初から母親と距離を取ろうします。一種の防衛反応をするわけで、これは〈回避型〉と呼んでいます。

この三つのタイプの影響は子どもの時だけでなく、成人後の対人関係にも現れることもわかってきました。たとえば、安定型の人は「他人と簡単に親しくなり、他人に頼ったり頼られるのが好き」、アンビバレント型は「人に溶け込みたいが逃げられてしまう。自分が望んでいるほどに他人は親しくしてくれない」、回避型では「他人と親しくするのが嫌い。完全に他人を信頼することはできない」といった具合です。さらに、恋愛関係にもこの影響があると言われています。

私が学生を対象に行った調査結果でも、幼児期に母親とのスキンシップが多かった学生は安定型になる傾向が高いことがわかりました。母親とたくさんスキンシップをしてきた子どもは、自分に自信が持て、他人を信頼して親しくなりやすい傾向があるからだと考えられます。たくさんスキンシップを取っていた子どもの方が、むしろ依存的にならないという調査もあります。また、乳幼児期に母親とのスキンシップが少なかった大学生は、人間不信や自閉的傾向が強い一方、自尊感情が低いという結果も出ています。

欧米型のスキンシップと日本型のスキンシップは違います。欧米型は普段は離れていて、小さい時から子ども部屋にいるという風ですけれど、触れる時は思いっきり抱っこをしたり、キスをしたりします。日本の場合は、いつもなんとなく一緒にいて触れあっているという感じです。どっちがいいとは一概にはいえませんが、日本型の方が子どもの満足度は高いようです。

というのは、欧米では、ぬいぐるみを片時も離さないとか、毛布をいつも持っているという子が圧倒的に多いからです。こうした行動は、スキンシップの欲求が満たされないから、そういった物で満たしているのだと言われています。だからといって、欧米の子の方がキレやすいとか、社交性がないということはありません。どちらの場合でも、きちんとスキンシップをしていることが大切なのです。

言葉がけよりもスキンシップ

スキンシップ以外のコミュニケーションには、言葉がけがありますが、言葉がけだけしかしない親の子どもは、それほど社会性が高くなりません。言葉がけもするけれど、スキンシップもいっぱいした子どもの方が社会性が高いというデータがあって、単に言葉でコミュニケーションをすればいいというものではないことがわかります。

泣くとか笑うといった感情表現に乏しいサイレントベビーが騒がれた時期がありましたが、サイレントベビーの親はあまりスキンシップをしていない場合が多いこともわかっています。スキンシップをしているほど、子どもが突発的であったり、ヒステリックに泣くことが少ないし、かんしゃくを起こさない、落ち着いていて情緒が安定しています。そういう子どもは母親とアイコンタクトをとることも多いですし、「いないいないばあ」のような身体を用いた遊びにもよく反応します。

つまり、スキンシップが子どもの社会性を育てているわけです。だからといって、わざわざべたべたする必要はありません。「子どもと手つなぐ」「接触する遊びをよくする」といった日常のさりげない行動や遊びの中でのスキンシップを増やすことで、社会性は養われていきます。

母親のスキンシップと父親のスキンシップ

母親のスキンシップと父親のスキンシップは意味が違います。

母親のスキンシップは赤ちゃんを受け入れるという受容性の意味です。自分を受け入れてもらっているという感覚を持った赤ちゃんは、将来も情緒的に安定していけるわけです。赤ちゃんにとっては最初の他者である母親から温かく受け入れられることで、「人というのは信頼できる」という思いを得られるのでしょう。

一方、父親とたくさんスキンシップをした学生からの回答では、人と協調して何かをしていく能力があるという傾向が見られました。また、先ほどの三つの母親のタイプに関係なく、〈回避型〉になるのを防いでもいました。父親とのスキンシップは、人と協調しながら自分を出したり引っ込めたりするような、社会性を伸ばすと考えられます。

つまり、母親のスキンシップは人への信頼を養い、情緒の安定をうながし、父親のスキンシップは社会性を養う傾向があるのです。ですから、子どもの心がバランスよく成長するには母親と父親の両方のスキンシップが重要なのです。

この違いは母親と父親の子どもへの接し方からもたらされるようです。一般的に、母親は抱っこや添い寝、授乳をしたりしますが、父親は一緒に遊んだり、お風呂に入れたりというように、どちらかといえばコミュニケーションに重きをおいたスキンシップが多くなっています。

赤ちゃんにとって父親とのスキンシップは、母親ほどには心地よくないと思います。それでも、いろいろな人に触れられることが大切です。いろいろな人に触れられることで、社会に出ていくための下地が養われるのです。

スキンシップは脳と心を育てる

もともと皮膚は細胞分裂していく過程では脳や中枢神経系と同じ外胚葉《がいはいよう》という部分からできてきます。皮膚と脳の起源は同じなのです。そして、皮膚に分布している触覚や痛み、熱さや冷たさを感じる感覚受容器への刺激は、脊髄《せきずい》から間脳を経て大脳皮質で認知される一方で、大脳周辺系、視床、視床下部、脳下垂体へと伝わります。これらは、情動や自律神経系、免疫系、内分泌系に影響を与えることもわかってきました。皮膚に触れることは複雑な刺激を脳の広範囲にわたって与えることなのです。「皮膚は露出した脳である」とさえ言われています。それなのに、これまで心の問題や内面の発達を扱う時に、脳のことばかり考えていて皮膚についてはほとんど考えられてきませんでした。

また、同じ皮膚でも指先や手の平の感覚と、手の甲や背中、腹といった部分の感覚はかなり違います。指先や手の平はそこに触れているモノについて「これは何か」ということを触わって探索しています。一方、手の甲や別の皮膚は、モノの性質を探索するというよりも、自分の皮膚の触覚が呼び起こされるだけです。皮膚の感覚としては同じ刺激を受けているにもかかわらず、心の働きとしては全然違っているわけです。だからこそ、一方的に触れるのではなく、子どもに触れさせることで知的な能力を鍛《きた》えることにもなるのです。

さらに、人に触れたり触れられたりすると、そこには必ず情緒を伴います。他者に触れる時には、触れた人の心が現れます。相手がいやがっているのに一方的に抱きしめるとか、きつい触れ方をしたりするのは、対人関係がうまく作れていないことの現れです。こういったことからもわかるように、皮膚と心には密接な関係があるのです。

つまり、いろいろなモノに触れることは脳を発達させ、心にも関わっているということです。いろいろな植物に接したり、土の感触の違いを手で感じたりと、いろいろなモノに触れることで手や触覚を訓練することは、指先を器用にするだけでなく、知性や情緒も養うことになるのです。

親から抱きしめられたり手を握られたりする子どもは、自分の方からも親にしがみついたり、握り返したりします。こうして子どもは能動的に人を認識することができるようになりますし、親もまた、子どもに触れ・触れられる心地よさを味わうことで、わが子への愛情が深まっていきます。だからこそスキンシップは大切なのです。

子どもへの愛情が生まれる時

一般的には子どもへの愛情はどんな動物でも、もともと持っていると思われていますが、実は、哺《ほ》乳動物に備わっている本能的な行動は舐《な》めたり触れたりすることだけです。たいていの哺乳類は出産すると子どもの全身を舐めます。これは体を清めるだけでなく、舐めることで赤ん坊の呼吸器官や消化器官が刺激され、活発に活動し始めるためですが、同時に舐めることで母親には母性が生まれてきます。

人間の場合も、出産後早く赤ちゃんと接した母親は、わが子を自分の一部であるように感じるのですが、時間が経つにつれて客観的に見るようになってしまいます。保育器に長く入ってから子どもを抱いたお母さんは、子どもをうまく抱けなかったり、触れられなくなったりすることもあります。哺乳類はどんな動物でも触れられることが大好きです。人間も哺乳類の一種ですから、触れられたい、触れたいという本能は人間にもあって、子どもを生んですぐに抱っこしてあげると、子どもへの母性本能が芽生えてくるということがあるのです。

たとえば、生まれてから24時間以内に母乳をあげたり触れられないと、多くの母親は動物的な抱き方――赤ちゃんの頭を心臓のある左にして抱く抱き方をしなくなるという報告があります。猿はほとんど赤ちゃんの頭を左にして抱くそうです。お母さんの心臓の音を聞かせると赤ちゃんが安心する、ということを本能的に知っているのでしょう。人間も同じで、生まれてから24時間以上経ってから初めて赤ちゃんを抱くと、右を頭にして抱くお母さんが多いという研究報告があります。ただし、右抱きだから赤ちゃんに何か影響があるということはないようです。

こうしたことは父親にもあって、抱いて赤ちゃんの肌に触れたり、さすったりしているうちに父性が芽生えてくるのであって、ただ見たり、話しかけたりしているだけではなかなか父性は芽生えてこないものです。皮膚にはおそらく、そういう本能を芽生えさせる

「スイッチ」のような働きがあるのではないかと思います。

スキンシップの大切さは子どもの年齢とは関係ありません。何歳までスキンシップをしなければいけないというよりも、子どもが満足して自然に離れていくまで触れて安心させてあげることです。ただ、すでに書いたように触覚は脳が発達する上でとても大切な役割を担っていますから、脳の成長がほぼ完了する3歳くらいまではなるべく心地よい触覚への刺激を与えた方がよいと思います。そして、少なくとも出産後1年くらいまでは触れることが大事なのは間違いありません。

親としてはたくさんスキンシップをしていたのに、子どもの記憶には残らないということは意識のレベルではあり得えます。しかし、無意識というか、身体のレベルでしみこんでいると思います。たとえば、大きくなって人から触れられた時にひどく緊張したり抵抗感を強く持つ人は、子どもの時にあまり触れられていなかったのではないかと考えられます。

スキンシップに抵抗がある人はタッチケアから

他人とスキンシップをすることに抵抗感を持つ人の中には、わが子へのスキンシップにさえも抵抗感を持つ人がいます。そういう人はタッチケアの講習会で触れ方を学ぶことが一つの解決方法でしょう。昔は自然に触れていたので、いまさらなぜ触れ方を教わらなければならないのかと思う人もいるかもしれませんが、タッチケアの流行は、触れ方がわからなくなっている母さんが増えている現れの一つだと思います。

カンガルーケアやタッチケアでは、生まれて数か月くらいまでの肌と肌の直接のふれあいを強調していますが、私は必ずしもそこまでしなくても、服の上からでも同じような効果があると思います。

また、赤ちゃんに触れられない人は、夫婦でも触れあう機会も少ないというデータもあります。ですから、夫婦で肩をもみ合うとかスキンシップをする機会を増やしていくと、すんなり赤ちゃんに触れることができるようになると思います。

また、ある程度の年齢になっても子どもがスキンシップを求めてくると、うっとうしいと感じることがあるでしょう。生まれた時からわが子をかわいいと思えなかったり、触れることに過剰に不快感を感じたとしたら問題ですが、いつまでも赤ちゃんの時と同じようにべったりしている必要はありません。不快に感じているのに無理矢理触れようとすると、触れられた子どもは敏感にそれを察知します。そして、触れられているのに心地よくないという矛盾を感じることでしょう。「愛している」でも「触れられたくはない」という相反するメッセージを受け取った子どもは混乱します。

接触を求めてくる子どもに多少不快感を感じる始めるのは、順調に子離れが進んでいることの証《あかし》でもあります。子どもがある程度大きくなってきたら、べったり型のスキンシップから、背中や頭をなでるようなスキンシップに変えていくのがよいでしょう。

ひきこもりやニートとスキンシップの関係

最近、自我の発達のゆがみやひきこもり、ニートなどが増えていることを、幼児期のスキンシップとの関係で読み解こうとする意見があります。こういった意見にはデータがあるわけではありません。しかし、人とのスキンシップだけでなく、いろいろなモノと触れてないことに関係するのかもしれません。私の近くにもカエルやミミズに触《さわ》れないという子どもがたくさんいて、触ることへの抵抗感がとても高まっています。それは人間関係でも同じで、人に触《ふ》れられないとか、人に触れることに抵抗感があるようです。

しかし、実在するモノに触れることはリアルな触覚という感覚を伴った認識ですから、人間にとって基本的な認識の仕方です。逆に触れずに認識するのは、視覚的な情報だけに頼ることです。現代の実在性・リアリティのない認識、つまりヴァーチャルな認識だけに偏《かたよ》ったモノの認識だけをしていることが、人格が偏っている子どもが増えている一つの原因ではないかと私は考えています。

自然環境が少なくなっている現代では、子どもたちにリアルな触覚を与えにくくなっているように思うかもしれません。しかし、たとえ都会の中にいても、何か植物を育てたり、水槽《すいそう》で魚を飼ったりして自然を生活の中に取り込むことは可能だと思いますし、触覚を鍛《きた》えたり、スキンシップをする遊びを取り入れることは十分できることです。まるごとのリンゴに触れてみるとか、生きた魚に触わることもできるでしょうし、ウサギを飼ってみるとか、工夫をすればいくらでもやりようはあると思います。子どもにリアルな触発を与えるためだからといって、野生の中で子どもを育てる必要はありません。

（出典：「子どもたちの幸せな未来を考える⑫年齢別の子育て・育児なるほど知恵袋」）

第3章

上手なしつけのやり方と心構え

子どもを上手にしつけるための10のヒント

森田ゆり（兵庫県「エンパワメント・センター」主宰）

もうちょっとで子育てが上手になる

今のお母さんは子育てがうまくできないとよく言われますが、私はそうは思いません。昔もそういうお母さんはたくさんいましたし、今でも楽しそうに子育てをやっているお母さんはいます。社会的な情勢としては少子化と自然の遊び場が減っているという違いはありますが、母親自体はそれほど変わっていないだろうと思います。いつの時代もどのお母さんも自信を持って子育てをしているわけではありません。外からは自信を持っていろいろやっているように見えたり、お母さん同士が本音で語れる場がないために、（自分の子育てはだめだ）（こんなことをやっていていいのだろうか）と心配になってくるのです。

そうした心配に拍車をかけるように、「そんなやり方ではだめ」「お母さんがまず変わらなければ」という形で子育て支援が行われているのでますます自信がなくなっていきます。でも、みんな迷いながら子育てをやっていますし、たくさん失敗もしています。まず、このことを知って欲しいと思います。

その上で、たとえば、自分の子どもを愛しているという思いをなかなか伝えられない、あるいは、思っていることを伝えていないという問題は大きいと思います。簡単にいえば、愛ということは何らかの形で表現しないと伝わらないということです。

私は母親が子どもに「ありがとう」や「あなたのことがいつも大好きだよ」という一言を言ったことで、劇的に関係が変わることをこれまで何度も見てきました。一緒にいれば自分の思いは伝わるはず、親が子どもを愛しているのは当然だから、子どももその思いを受け止めているはずだというのは、必ずしも事実ではないと私は思います。

子育てや教育論ではしばしば道徳や愛という抽象化したことが言われますが、それをコミュニケーションの中で具体的にどう使っていくのかということはあまりなされてこなかったように思います。しつけについても、しつけは何のためにするのかという原点をしっかり認識して、その上で具体的な方法を実際にやっていくことが必要だと思います。その方法を10にまとめてみました。後ほどそれぞれを簡単に解説しますので参考にしてください。

しつけの考え方

しつけは「躾」と漢字で書くように身を美しくすること、たとえば、きちんとした礼儀作法、きれいな姿勢、ていねいな言葉遣いができるというような、立ち居振る舞いが強調されてきました。確かにそういったことは必要ですが、それはしつけの一部であって目的ではありません。

しつけの目的は、自分で考え、自分で感じ、自分で選択して社会の中で自立して生きていくための大まかな力を育てていくことです。そう考えると、その目的と全く逆なことをしている場面がたくさんあることに気づきます。

よく見るのは、「これはしてはだめ」という関わりです。社会の中には確かに「してはだめ」なことがたくさんありますが、「これはしてはだめ」ばかり連発することは、「あなたは選ばなくていいのよ」「もう決められているからそれに沿って生きて行きなさい」というメッセージを伝えていることになります。それでは子どもが自分で考える機会をどんどん奪ってしまいます。

大人であれ子どもであれ、私たち一人一人の中にはいろいろな力があります。ところが、経済と競争が正しいという価値観が社会の多くを占めているために、自分はだめな存在であるとか、もっとがんばらなければならないと思い込まされてきました。ある人は常に自分を叱咤激励《しったげきれい》して何者かになっていきます。しかし、しばしばそこで起こるのは、自分が何者かになったからと、なれない人を責めることです。責めることはそれぞれの人が本来持っている力を抑圧し、阻《はば》んでいくことです。私たちはみんな、本来素晴らしいものを持っているのだというところから出発した時に、初めて、相手も自分自身も自分の内に持っている本来の力を出していくことができるのです。

そのためには、「わたし」を条件なしに、あるがままに受けているくれる他者との関係がなければなりません。日常的な細かなことをすべていつも受け入れているわけにはいきませんし、特に子どもであれば「なんでもいいよ」ということは逆に子どもをとても不安にしてしまうことがあります。しかし、子どもにとって保護者に無条件で受け入れられるという安心の体験と記憶は、その子が生きる力の源となります。

子どもをしつけるための10のヒント

1、子どもを尊重する

人を尊重するのは、その人の行儀がいいからとか頭がいいからではなく、また、親の言うことをよく聞くから、才気活発だからでもなく、「〜だから」という条件なしに、一人の尊い価値のある人間として大切に思うことです。「人間だから」尊重するのです。

2、子どもを信頼する

尊重することと同じように、「よく勉強するので信頼しています」と言うのではなく、「口答えをして困っています。けれど、信頼しています」というような、条件なしの信頼です。生命力の強い子ども、自分を大切に思える子どもに育つことを願うのであれば、条件なしで尊重し信頼することです。そのためには、あせらずにじっくり子どもの成長を見守ることも必要です。

3、比較しない

他の子どもとの違いが気になり出すと、そのことで頭がいっぱいになります。あせりも出てきます。近所の子どもとの比較だけでなく、兄弟・姉妹の間での比較、自分と他の親との比較など、比較を始めるとその途端に内心ただならぬ不安と焦《あせ》りを感じ始め、それまでのゆったりした安心な関係にひびが入ります。

4、子どものほめ方を知る

昔から子どもを上手に育てるには、ほめるのは7で叱るのは3と言われるそうです。私もそれはとてもよい覚え方だと思います。子どもは親からほめられ、認められることで自信をつけます。でも、逆にほめることが子どもにとってマイナスになってしまうこともあります。誰かとの比較でほめるのは最悪のほめ方です。誰ちゃんよりもあなたはいいね、というほめ方は、誰ちゃんよりもあなたはだめと言うのと変わりません。

比較や結果ではなく、その経過をほめましょう。子どもが問題行動を起こす時は親に注目して欲しいからです。ですから、いつも「賞をとったから」「100点をとったから」と結果だけをほめていると、子どもは「こうしないとほめられない」「こうしないと注目してもらえない」と思ってしまいます。また、「一人で買い物に行けてしっかりしてる」というように、その子の人となりをほめるよりも、「一人で買い物に行ってくれて、お母さんはすごく助かった」「お手伝いしてくれてお母さんはうれしいな」というように、子どもの行動とほめる側の気持ちを伝えるようにすると、「しっかりしなければだめなんだ」と子どもに重圧を感じさせるほめ方になりません。

「よくやったね、すごいね。いつもそうだといいのだけれど」「できるじゃないの。だから文句言わずにやりなさい」のように、ほめたすぐ後で批判したり、注文を付けたりすると、ほめた効果がなくなるので避けましょう。自分が大切にしている人にいい思いをさせてあげたい、優しくしてあげたい、喜んでもらいたい、という子どもも大人も持っている気持ちが、人間の感情のコミュニケーションの基本なのです。

5、気持ちの表現をすすめる

子ども同士でけんかをすると、親はどちらが悪いかを判断してともかく謝らせようとします。あるいは「けんか両成敗」と言って双方を謝らせます。しかし、子どものけんかは多くの場合、片方が絶対的に正しく、もう片方が絶対的に間違っているということはありません。それなのに、その場でどちらが正しいのかと結論を出してただ謝っただけでは、子どもの中の感情は解決しません。そういう時は「どういう気持ちだったの？」と聞いて、その気持ちを語るように導くことです。

人には嬉しい気持ちや幸せな気持ちもあれば、淋しさ、怒り、ねたみという一般的にはネガティブ（否定的）とされる気持ちもあります。しかし、感情に快・不快はあっても、良い・悪いはありません。人をねたみ、怒るという感情を抑え込んでも、それが消えてしまうことは滅多にありません。むしろ、抑え込んだ感情は心の奥底にいつまでもよどみ、形を変えて、時に人や自分への攻撃として現れます。ですから、ねたましさや怒りの気持ちをどのように表現するかが大切です。ねたましいから、怒っているから悪口を言ったり、誰かを蹴飛《けと》ばすのではなく、その感情を誰かにわかってもらうことが大切なのです。

子どもの感情を聞くには、「痛くてたまらないんだね」「くやしくて怒っているのはよくわかるよ」というように、まず子どもの気持ちを受け止めてあげることです。そして、感情を言葉で表現できるように促します。「その時、うらやましかったの？」などと、具体的な言葉をなげかけます。その上で、ねたましさや怒りから他人や自分を傷つけなくてもいいんだよと話します。

もちろん、たいしたけんかでなければ親や大人が介入しないほうがいいでしょう。「子どもたちで解決できるはずだ」という姿勢はとても重要です。それでも解決できない場合に大人が関与していくのであれば、けんかをした時どんな気持ちだったのかと、どちらの子どもにも、自分の気持ちを語らせてあげることをまず考えてみてください。それは、大人が子どものけんかを解決してしまうのではなく、大人の促しによって子ども同士で解決させることにもなります。

6、「いま」を子どもと楽しむ

私は人間が一番幸せな時は、誰かと気持ちが通じ合える時だと思います。特に自分が大切している人、愛している人、自分にとって意味がある人との間で心の交流があり、思いが共有できたなという時は幸せを感じます。そうした心の共有はどこかに行ったり、何かを買ったりという特別なことをしなくても、家でもどこでもできることだと思います。子どもに絵本を読んであげたり、お話をしてあげる、一緒に散歩をしている時に何かを見つけるなど、子どもの「うれしい」「おもしろい」「ふしぎ」に感応し、言葉をかわしてみてください。楽しいことと幸せは自分たちで作り出すことができます。

それから、「がんばれ、がんばれ」の叱咤《しった》激励ばかりの生き方は、いつも将来のために生きているということです。そこには、将来何かになるための「いま」はあっても、ただこの瞬間の「いま」はありません。

7、あなたの家庭で大切にしたいこと

たとえば、「わが家は自然が好きだからしばしばキャンプに行きます」というようなことは、改めて言わなくても夫婦の共通の価値観となっているかもしれませんが、子育てや子どもとのルール作りの時のような場合は、夫婦の間で「私たちは何を大切にした家庭を作っていきたいのか」と話し合ってください。

また、もしも子どもの了解のもとで何かのルールを決めた場合は、常に守ることが重要

です。特に子どもが小さい時は、簡単にルールを動かしてしまうと全く役に立たなくなります。

逆に言えば、安易にルールを決めずに「これだけは」と思うことだけをきっちり決めることです。子どもは常にそのルールを崩そうと試みてきます。そこであきらめてしまうと「言ってもどうせだめなんですよ」になってしまい、「ぶつしかないんです」になってしまうか、子育てがすごく難しく感じられようになってしまいます。

8、行動を選択する援助

「みんなと一緒に行動しなければ」という常日頃のお母さんたちのプレッシャーは大変なものです。子どもにもみんなと違わないように、変に目立たないように気を配っています。しかし、「こうしなさい」「ああしなさい」と指示をするのではなく、「どうしたいの？」「こうしてはどうだろう」と問いかけて行動の選択肢を考えることは、子どもが自分の力で問題を解決する練習になります。

子どもにいつも選択をさせることはできませんし、子どもが自分で選ぶことが必ずしもいいことではない場合もありますが、いつも指示だけをしているお母さんを見ると、もっと選ばせてあげていいんじゃないか、もっと聞いていいんじゃないかと思います。

9、親の真向き、横顔、後ろ姿

「真向き」とは親が子どもの話に耳を傾け、質問に答え、会話を交わし、気持ちを通わせ合っている姿です。

「横顔」は、子どもにかまってあげられない忙しい姿。

「後ろ姿」は信念や強い思いなど、軽々しく言葉にはできませんが、生きる姿勢や真摯《しんし》さを感じさせる姿です。

親が子どもに対してどんな姿で向かい合っているかを振り返ってみましょう。常に子どもと向かい合って、がみがみ言ってしまっているなあと思う人は、もうちょっと自分の生き方を見ていて欲しいと思うかもしれません。逆に、忙しくて前から向き合ったことがないなあと気づく人もいるでしょう。あなたの親の真向き、横顔、後ろ姿を思い出してみてください。そして、あなたはどの姿で子どもと向き合っているか思い返してみましょう。

10、愛情の伝え方

面と向かって愛を率直に表現するもっとも便利な言葉は「ありがとう」です。私が相談を受けている人の中には、心の中では感謝していたけれど相手には全然表現してなかったと気づいて、「ありがとう」「あなたのことが大好きよ」という一言を口にすることで、親子関係が画期的に変化していく人がいます。

子どもへの愛を伝えるということは、基本的には何かをしてくれたから「ありがとう」ではなく、「生まれてきてくれてありがとう」「私の子どもでいてくれてありがとう」ということです。でも、そんなことをいつも言っていたら、子どもから気味悪がられます。

子どもに「ありがとう」と言っていないと思う人は、それを伝える場面を作ってみましょう。小さなことでいいから何か仕事を作ったり、何かを持ってきてもらうことでもよいと思います。そして、「ありがとう、お母さん本当に助かるわ」「ママのことを思ってくれて、ありがとう」「本当の気持ちを教えてくれてありがとう」と伝えるのです。

家庭がほっとできる場であることも子どもへの愛情表現の一つです。誰かがまぬけな失敗をしてしまったことを家族みんなで笑いあったりすることができますか？　おどけた子どもを「なんですか、ふざけて。そんなことすぐにやめなさい」と言うのではなく、笑える余裕を持って子育てをすることが家庭を安心な場にするのです。

以上、たくさんのことを述べましたが、どれか一つでも二つでもあなたができそうなことと、やってみたいことから始めてください。

（出典：「子どもたちの幸せな未来を考える⑥子どもの心を本当に育てるしつけと叱り方」）

もう少し子どもと戦ってみませんか

菅原里香（神奈川県「こすもす幼稚園」保育士）

子どもと遊べない子どもが増えている

保育士になってもうすぐ20年になりますが、最近の子どもは、異年齢の子どもと遊ぶことがほとんどないまま入園してきますので、知らないお友達とどうやって遊ぶのかがわからないようです。

たとえば、昔はとっくみあいのケンカがありましたが、今ではまずありません。お互いに押し合ったり、加減をしながら、ケガする前のじゃれ合いに近いこともなく、その代わり、突然、爪を立ててひっかいたり、傷がつくような行動に出てしまいます。自分の伝えたいことが伝わらない時に、突然、相手をかじるといったこともあります。

子どもだけで何かトラブルがあっても、自分たちでは解決できないので、「先生、先生」となりますし、泣くか、ぶって終わります。そうでなければ、争いになりそうになると、その場からいなくなってしまいます。

友達の家に遊びに行っても、「おばちゃん、おばちゃん」と言って、その家のお母さんと遊んだり、ゲーム機がないと遊べない子が増えたと聞いたことがありますが、物や大人を間に介して自分の気持ちを相手に伝えてもらうような形でしか、人間関係を築けなくなって、子ども同士で遊べなくなっているのかもしれません。

以前、私はときどき何も遊具のない公園に、何も持たずに子どもたちを連れて行って、「お帰りって言うまで遊んでていいよ」と言いました。子どもは最初ぼーっとします。でも、そのうち遊び慣れている子がほんのちょっとした違いを見つけて、たとえば、ただの広い芝生にちょっとした段差を見つけたり、日向と日陰に分かれて遊び始めます。それから、ただ走ったり。走るのに飽きてくると競争を始めたりと、少しずつ工夫していくのですが、そうした体験をしていない子どもが増えているのではないかなと思います。

好きな遊びが見つけられない子も増えている

一人の子どもの中で、幼い部分と発達している部分の差がどんどん開いているということとも、最近感じることとです。

言葉や数字に対しては本当に発達していて、15年前の子どもであれば、なかには小学校入学前になってやっと自分の名前が読めるという子もいましたが、いまは3歳児で手紙を書いてくる子がいます。小さい時から受けている情報量がずいぶん違っているからだと思います。その一方で、自分の気持ちをコントロールできなくなったり、自分の好きな遊びを見つけられなくなっています。子どもが一番持っているはずの「楽しみを見つける嗅覚」が鈍っているようです。

ぼーっとしている子に、「先生と一緒にどろんこ遊びをやってみる？」と言うと、ついてきますし、「これをかきまぜてみれば」というとやってみたりしますけれど、自分で「じゃあ、これを持っていこう」とか、ああしようこうしようと、遊びが変わっていくことがありません。あるいは「先生、遊ぼう」と言ってきても、「何して遊ぶ？」と聞くと「なんでもいい」。〝差し出された遊びをやる〟という子が増えています。

私たちは、子どもたちが入園してくるとまず、幼稚園に慣れることと好きな遊びを見つけられることを目標にします。

好きな遊びが見つけられれば、集中力や想像力がどんどん育っていきますし、楽しい遊びをしていると他の子どもも集まってくるので友達関係も活発になっていきます。友達関係が活発になってくると、順番を守るとか意見が合わなくてケンカになったらどうするかといったような社会性も、自然に学んでいけます。好きな遊びを見つけることは、その子がどれだけ成長できるかにつながっていくのです。

大人と子どもの境がなくなってきた

最近の子どもに「大きくなったら何になるの?」と聞くと、「決めてない」とか「わからない」と答える子がいます。ちょっと前なら、具体的な職業を言う子もいましたが、「ドラえもんになる」「犬がいい」「リスになる」「クリがいい」と、なれないものも言ったりしたものでした。

大きくなったらこんなことをする、大人の世界は楽しいという感じが、小さなうちからないのかしら、と思ってしまいます。

私は、遊びや歌でも大人と子どもの境がなくなってきたのではないかという気がしています。大人同士が会話しているところに子どもがいるのは普通になっていますし、流行《はや》っている歌があれば、大人の曲でも子どもは知っています。ゲームにしても、大人と子どもの世界の区切りがぼやけてきています。大人と子どもが共有できることが増え、一緒に遊べるというよい点もあるとは思いますが、大人になったらあんなことができる、こんな楽しいことができるという、大人になることへのあこがれのようなものが薄れてきているような気もしています。

一方で、大人の発言力も薄れてきていると感じます。

たとえば、子どもが風邪をひいて外で遊んではいけない時は、「熱が出るから今日は外で遊んじゃいけないよ」と言うべきなのに、「お願いだから、外に行かないでね」と言うお母さんが多い。その子が風邪をひかないように、と言っていることなのですが、〝子どもにお願いしてそうしてもらう〟という感じがします。意識しないでやっていることだとは思いますが、子どもの言い分を聞いて、親の思うとおりになるのであれば、子どもの方に折れるというパターンが多くなってきているような気がします。お母さんたちがあまり子どもと戦わなくなっているのかなと思います。

それがいけないかどうかということは、まだ言い切れないところもあると思いますが、そうした変化があるのは事実です。

いつも受け身な子どもたち

こうした原因がどこにあるのかはわかりませんが、以前、ある講演会である大学の先生が、「テレビがいけないわけではないのでしょうが、スイッチを押すだけで快楽が向こうからやってくるというのは子どもにとってはいかがなものか」という話をしていました。私も「テレビだけがいけない」とは言いませんが、現代の子どもを取り巻く環境が自分で苦労をしなくてもいい、受け身でいてもなんとなく過ごせるようになっていると思います。

幼稚園での折り紙にしても、以前は折り紙の手裏剣《しゅりけん》が流行ると、「教えて、教えて」とやってきました。でも、一度で教えられる折り方ではないので、少しずつ教えていきます。飲み込みが早い子はすぐに折れるようになり、なかなか飲み込めない子でも一生懸命聞きに来て、だんだん折れるようになっていくということがありました。子どもが自分で折った手裏剣は形がいびつです。それでも自分で折ったものの方がうれしいということがあったのですが、最近では「待ってるから折って」と言います。

「折ってあげてもいいんだけれど、自分で折るのならわからないところは教えてあげるよ」と言って、自分で折る方向に持っていこうとするのですが、ここ2～3年は「いい。待ってるから、先生に折ってもらう」と言って、自分が折るいびつな手裏剣ではなく、先生が折ったきれいなものを欲しがる子が、少しずつ目立ち始めています。

親だからこそ子どもを怒ってもいい

「お菓子買ってあげるからこうして」という言い方もよく耳にします。時にはご褒美《ほうび》もいいとは思いますが、そのご褒美と天秤《てんびん》にかけられるだけの努力や我慢《がまん》が子どもにあるのかどうかが気になります。子どもが「まだ遊ぶ、帰らない」と言う時に、「もう時間だから帰ろう」とか「今日は歯医者さんだから、もう帰ろうね」と、親がもう少し凛《りん》としてもいいのになあと思います。「じゃあ、お菓子買ってあげるから」「どうすれば帰ってくれるの？」と、お母さんが子どもに歩み寄って行くのをよく見かけます。

予定があれば、親が「ダメなものはダメ」とはっきりいう部分があってもいいのではないでしょうか。子どもにとっては理不尽《りふじん》だと思うことがあっても、親だからこそ言えることではないかなと思うのです。親の都合で子どもを振り回すのは好ましいことではないと思いますが、そのことと、時間だから帰らなければいけないのだけれど、子どもがまだ遊びたいというから遊ばせました、ということは違います。「親の都合に合わせて子どもを振り回してはいけない」ということの意味をはき違えているのではないかなと思うのです。

適切な言葉が見つからないので、「子どもと戦わない」と言いましたが、子どもの要求に対してしっかりした態度で接するということが少なくなっていると思います。

厳しさの度合いはそれぞれの親子によると思いますが、もっと基本的なところで、「子どもが望んだから……」だけでなく、その先も少し見通して、親が言っていいこともあるのではないでしょうか。

逆に言うと、子どもは幼ければ幼いほど、善悪の判断やしつけを学ぶのは、自分の好きな人が、そのことを良いと思っているか、よく思っていないかを感じる事による部分が大きいと、この仕事をするようになって思うようになりました。

子どもがお友達を悲しませるようなことをした時、その子にも自分なりの理由があって、「どこがいけないの？ 僕がなんとかっていったのに、なんとかちゃんはこうやるから、こういったら泣いたんだもん」というふうに思っています。ですから、その子の非を言葉で理解させるよりも、まわりにいるお母さんなり先生なり、子どもにとって近しい大人が、「気持ちはわかるけれど、お友達が泣いたらお母さんは淋しかったな」とか「こういうやり方もあったと思うなあ」と言って、いつもにこにこしている表情が暗くなったり、淋しい顔になったりした時に、子どもは（あ、お母さんはこういうことをいやがるんだ）と感じるでしょう。理屈よりも先に、そういうことで、ものの善悪が付いていく部分が大きいのではないかと思います。

私は、親だからこそ感情で怒ってもいい時があると思います。「理由は説明できないけれど、お母さんはともかくいやだったの。怒っているのよ」ということを子どもに感じてもらう。行き過ぎてはいけないと思いますが、どんなことがあっても感情で怒ってはいけないのだと、全面的な否定はしません。育てているお母さんの個性が子どもに伝わってこそ親子なのだ、とも思うのです。

親の愛情を受けとめられない子どもたち?

最近は「これでいいよ」と言ってもらえないと先に進めない子も多くなっています。折り紙を教えていて、先生と同じ形になっていることは明らかにわかるはずなのに、自分で判断できない子ども。自分で判断しないで「これでいいの?　先生、これでいいの?」「ホントにいいの?　あってる?　あってる?」と何度も何度も聞きに来て、「あってるよ、次を折ってごらん」と促してあげないと、次に進めない子どもがいます。

絵を描くにしても、どんな絵でも好きに描けばいいのに、完成図が頭にあって、そういうふうに描けないからいやだ、と言う子もいます。たとえば、本人がウサギといえば、○に点が二つあるだけでもウサギでいいのですが、絵を描く技術を獲得してから描くようなきっちりしたウサギを描かなければいけないと思い込んでいて、「好きなように描いていいんだよ」と言っても、「うまく描けないから」と描きたがらない。また、上手に描けているのに「これでいいのかどうか」と自信がなく、とても不安になる子もいます。

そうした子どもは、もしかしたら基本的にいい子でなくてはいけないとか、ありのままの自分がお父さんやお母さんや先生に認められているという自信がない子なのかもしれません。「これなんだろう?」という絵を描いたり、滅茶苦茶なことをやって怒られても、(こういう自分がお母さんは好きなんだ)と思っている子は、思い切りできるのです。

ところが、なかには、私たちから見ても、親との十分なスキンシップもあるし、抱っこもしている、言葉を荒げるような注意の仕方をされているわけでもない、密接に関わる時間を持っていると思われるのに、先生の手を離せなかったり、いつもほっぺたをどこかにくっつけていたり、一人にされることにとても不安になったり、太鼓判《たいこばん》を押してもらえないと先に進めなかったりする子もいます。

もしかしたら、そうした子どもは親の愛情の受け取り方が下手になっているのでしょうか。4~5歳になって友達といろいろな人間関係を体験してくれば、それまでは当たり前だと思っていた親の行動も、「お母さんは自分のことを思ってやってくれている」と受け止められるようになるはずなのですが、その年齢になっても、そう受け取れない。子どもにとっては自分の欲しい形で愛情を受けていないと感じているのかもしれません。

昔と同じように、というより、昔以上に子どもと接しているのに、子どもがもっと強いもの、濃いものを欲しがっているのだとしたら、子どもは何かで不安を感じているということなのかもしれません。

子どもをほうっておく勇気を持って

もしも入園前にいろいろなお友達と遊べるのであれば、なるべく遊んだ方がいいですし、それができなくても、その子自身が自分の力で考えたり、何かができるような対応の仕方を親が心がけることはできるのではないでしょうか。なんでも「できないの？　じゃあやってあげる」とすぐに代わらないで、ちょっと子どもに任せてみる、ほうっておく。困ったことがあって泣いて訴えてきても、子どもの傷になるほどのことじゃないと判断できれば、どうするかちょっと様子を見てみる……。

近頃のお母さんは、子どもが歩く道の前の石ころを全部ひろってしまってはいないでしょうか。道の通り方はその子の性格によって違います。どんな石があっても蹴散《けち》らして歩くタイプの子どももいれば、石がないところをちゃんと見極めて通っていこうという子もいますし、石を乗り越えていく子もいるでしょう、道具を使う子もいると思います。その子の性格に合ったトラブルや困難のよけ方があると思うのです。わが子がかわいいからマイナスの体験をして欲しくない、悲しんで欲しくない、悔《くや》しい思いもして欲しくない、楽しいことばかりであって欲しいと願うのは親心だと思います。だからこそ、その子の歩く道に石ころが落ちていたら、親がひろって道を整えてあげてしまう、そういう感じの親が少しずつ多くなってきているように思います。

しかし、子どもが大きくなれば、困難やトラブルの石もまた大きくなっていきます。親はどこまでも付いていくことはできません。その子が自力で何とかしていく方法を石ころが小さいうちから教えてあげることが、その子に近しい大人がしてあげることではないかなと思います。

お友達とのオモチャの取り合いにしても、ちょっと取り合いそうになると、お母さんがもう一個持ってきてくれるとか、「ごめんね、うちの子が使ってちょっとしたら貸してあげるから」と、お母さんが仲裁《りゅうさい》してしまうことがあります。もめる前にとめてしまったり、親が介入したり、親が代わりにやってあげてしまう。でも、子どもに任せて、ケガをしそうになったら止めるというように、よく見て待っていた方が子どもの人生勉強にはなるはずです。

もちろん、そうしたことができるには、子どものことをよく把握していなければなりません。それも、「親としてかわいくて仕方ない」という把握の仕方ではなく、子どもに一歩距離をおいて、この子はどんなタイプの子なんだろう、というような把握の仕方をしないとできないと思います。

子どもとの同化ではなく子どもへの共感を

子どもがお友達と遊んでいて、仲違《なかたが》いをしたりして悲しい思いをした時に、「悲しかったね」と一緒に共感してあげることは必要ですが、子どもと同じように悲しくなったり悔《くや》しい気持ちになってしまっては、子どもとの距離が近すぎます。子どもの悲しさや悔しい気持ちに共感してあげながら、同時に（この子は悲しい時に、こういう発想をするんだ）と思ったり、（仲違いをした友達とどういうふうに仲直りするつもりなんだろう）と考える。「仲直りしたいの、じゃあお母さんが言ってあげるから」とやってしまうのではなく、（この子はこうやりたいんだな、じゃあこういう手助けをしてあげよう）と考えてみてはどうでしょう。

こうした距離をとることで、親もお子さんのいろんなことをもっと楽しめるようになるのではないかと思います。子どもの子どもらしい発想や発言は、どんな大人にもみんなあったことです。いまではすっかり忘れてしまった、そうした子どもの時しかない気づきや発言や行動を、一緒に楽しむことができれば、親であることがもっともっと楽しくなると思います。

（出典：「子どもたちの幸せな未来を考える5見えていますか？　子どものストレス、親のストレス）

第4章

子どもの心に寄り添うために

ちょっと心配、早め早めの集団生活

内田良子（心理カウンセラー）

3年保育、4年保育が増えている

私は30年以上も保健所や病院での乳幼児検診、母親学級などの場で子どもたちや親御さんと直接会って相談を受けてきました。その経験から最近の子どもを取り巻く状況の大きな変化の一つは、親御さんたちが、子どもを早い時期から集団に入れなければ育たないと思いこんで、幼いうちから幼稚園やお教室に通わせるようになったことだと思います。

私が現場に出始めた30年以上前は、公立幼稚園だと1年保育、私立で2年保育でした。それがいつのころからか公立で2年保育、私立が3年保育になり、さらに10年くらい前からは3年保育が当たり前になってきました。なかには4年保育、つまり2歳で幼稚園に行き始めるようになっています。さらに、3歳で幼稚園に入る前のプレ幼稚園として、準備的に2歳から始めているところもあります。2歳になると集団保育が始まるというのは、とても大きな変化です。

2歳なり3歳で集団に入るようになったために、保育士さんたちや幼稚園の先生の手をわずらわせないようにと、おしめを早く取るとか、食事が一人でとれるようにする、決まった時間内に食べられるようにするといった、身辺の自立が早い時期から子どもに求められるようになりました。

かつては親や大人の手を借りて、ゆっくりやっているうちに、いつの間にかできるようになっていくというのが基本でした。おしめがとれるのも、食事をこぼさずに食べられるようになるのも、繰り返しやっているうちにだんだん上手になって、いつの間にか「一人で上手にできるようになったわね」というのが自然な流れですが、入園する4月までにちゃんとできなければいけない、一人で早くやりなさいというしつけになってきています。「入園までには」と時間を切られて急《せ》かされる、できないと叱られたり、「他の子はできているのにどうしてできないの?」と他の子と比較される。「どうしてあなたはできないの? 困った子ね」と自分を否定されるので、子どもたちは自らの育ちや、自分が持っているリズムが否定されるような感じになって、なんとなく自信をなくし、おどおどする様子が見受けられます。

日本の場合は4月に一斉に学年が切り替わりますから、早生まれの子どもたちは特に大変です。早生まれの子ども、あるいは11月から3月くらいの生まれの子どもたちは、幼稚園に入る半年前くらいになると、家庭で特訓が始まります。どの親御さんもわが子をいじめたいとは思っていません。わが子が困らないようにと一生懸命にやっているのに、結果として、子どもを脅《おど》してしまっているわけです。親子共々大変だなと思います。

個の確立よりも集団の調和

その背景には、子どもの数が少なくなったので公園に行っても子どもがいない。子どもがいるところを探すと、幼稚園や保育園という集団になってしまうということがあると思います。子育て支援の場として児童館や地域センター、図書館など、子どもが過ごせるいろいろな時間と場とプログラムはありますが、3歳を過ぎたら幼稚園や保育園に行くという流れができてしまっています。

幼稚園側から言えば、少ない子どもを獲得するには早い時期から、という青田買いになります。2歳から預かれば、途中で幼稚園を変わる親御さんはよほどのことがない限りいません。そういった戦略もあるでしょう。

それから、お母さんたちが一人で子育てをするのはとても大変ですし、どうやったらいいのかわからないから誰かの協力を得たいとか、早めに職場に復帰して保育園を利用したいという事情もあると思いますし、日本の父親が子育てを母親と一緒にやる存在として機能してこなかったということもあると思います。

早くから子どもを集団に入れて自由になろうというのは、いい悪いは別として日本の状況としては必然だと思います。ただ、それが本当に子どものためになっているのかということは考えなければいけません。

25人や30人の2歳児や3歳児を少人数の先生が見ようとすれば、やはり子どもを操作する方法をとらざるを得ませんし、その方が経済的にも安上がりで効率もいいはずです。けれども、子どもにとっては無理を強いることになります。2歳児や3歳児を預かっている施設が、子どもたちが人間的に過ごせるような内容や機能を持っているかというと、まだ準備不足と言わざるを得ないところが多い、というのが現状でしょう。

2歳から3歳は子どもの自我ができてきて、個としての世界を作る時期なのに、その入り口か渦中に集団に入ってしまうと、子どもたちは個の確立の前に集団に合わせること、集団と同調行動ができるかどうかが問題にされてしまいます。

みんなと一緒、みんなと同じ速さ、同じ量の食べ物というふうに、その子その子が持っている固有の成長リズムがないがしろにされてしまうわけです。さらに、子どもは、自己主張をしたり自己表現をしたりした時に、まわりに受け入れられたり、「それは違うよ」と言われ肯定されたり否定されたりしながら、社会のルールやマナーと出合うわけです。しかし、個人が具体的な現実としてルールやマナーと出合うのではなく、集団的な性格、集団的な行動を基本にしてルールやマナーと出合うことになります。私はそれはとても大きな問題だと思います。子どもが自己主張できない分だけ、幼児教育の現場は貧しいと言わざるを得ません。一人一人の子どもの表現がきめ細かく受け止められたり、受け取ってもらったものを返してもらったりという経験が少なくなってしまうからです。

先生の言うとおりに同調行動をして、歌ったり踊ったりできる子どもも、もちろんいます。先生はそれが子どもらしい子どもだと思いますし、親もそういう子がいい子だと思うわけです。

そして、「お花ってどうやって咲いているのかな?」「虫はどんなふうに動くのかな?」とか「電車の仕組みはどうなっているのかなあ」と、他のことに興味があったり、じっくり物事と取り組んだり、楽しんだりする子は「集団適応の悪い子ども」になってしまいかねません。

先生が「さあ、紙芝居をするからいらっしゃい」と言った時に、他の子は紙芝居のところに寄っていくけれど、うちの子は自分の遊びが続いていて、ブロックを組み立てていたり、絵本を見ていたりする。そうするとまわりの空気が読めない子、自分の世界でやっている子だからと、「アスペルガー症候群ではないか」。身体を動かすのが好きでじっと座っていられないから「ADHD（注意欠陥多動性障害）ではないか」と幼稚園の先生から言われることも起こっています。

特に文部科学省が軽度発達障害への特別支援教育の方針を打ち出し、それを受ける形で幼稚園や保育園の先生方に研修会や講習会が行われるようになり、少し前までは目に余る子、手がかかる子で済んでいたのに、アスペルガー症候群やADHDのマニュアルのいくつかの項目に当てはまる子どもを見る目は、どんどんきびしくなっています。

登園拒否をする子どもたち

私は2歳、3歳の子どもを集団の中に入れ、集団生活をすること自体に無理があると思っているわけではありません。都市化して子どもの数が少なくなる現状では、年齢の近い子どもたちが一緒になれる一番手っ取り早い場所は幼稚園や保育園です。問題はカリキュラムやプログラムです。小学校でも30人学級と言われて、子どもの数が減っている地域では一クラス20人という学校も出てきています。それなのに、幼稚園は小さな部屋にたくさんの子どもを入れ、乱暴な保育をしているところがたくさんあることが問題なのです。

子どもたちは言葉で「あの幼稚園は私に合わない」とか「私が遊びたいのはああいう場所ではない」とは言えませんから、登園拒否がものすごく増えています。

1歳半健診、3歳児健診でお会いした親御さんが困り果てているので、よくよく話を聞いてみると子どもの登園拒否だというケースが多いのです。でも「うちの子は登園拒否です」と言う人はほとんどいません。「夜泣きがひどいんです」「朝、なかなかご飯を食べません」「起きてきません」というふうに、生活がうまく立ちゆかなくなった子どもをどう扱ったらいいのか、ということの相談としてみえるわけです。

その時に、いつ頃からどういう状況で始まったか、休みの日はどうか、と聞いていくと、休みの日はちゃんと朝早く起きていたり、朝ご飯もきちんと食べられたり、夜もよく寝ているというわけです。では、朝起きてこなくて、食事を食べなくて、ぐずぐず言って、夜泣きをするのはどういうことなのかというと、「幼稚園に行きたくない」ということです。

子どもはイヤだと言っています。体や態度だけでなく、「今日、どこへいくの?」「幼稚園よ」「やだ」というふうに、ほとんどの子は言葉でも「いやだ」と言っています。しかし親は子どもの「NO」を取りあげません。「やだ、やだ」と言っても小脇に抱えられて連れて行かれるので、ついにご飯を口の中に入れても飲み込まないと言ったストライキが始まります。

要するに、連れて行けばなんとかなると思っている親に、子どもは体を張って抵抗しているわけです。しかも、幼稚園は「泣いてもわめいても連れてきてください。来れば何とかなりますから」と言います。子どもを一人の人格を持った存在だと思わない親や幼稚園の先生が多いので、自己主張をすることを封じ込めるわけです。

やがて、子どもは熱を出したり、吐《は》いたり、下痢をしたり、喘息《ぜんそく》などの持病がある子は発作がひどくなったりと、体の具合が悪くなります。身体的に拒否反応を起こすわけです。そうすると園を休めるからです。

泣きわめく子どもに「じゃあどうしたいの?」と問いつめると、口では「行きたい」と言うこともあります。けれども、本心は行きたくないので、チック*が出たり、おねしょをしたり、指しゃぶりや爪噛《か》みといろいろな症状が出てくる子もいます。親は、チックを治したい、爪噛みを治したい、指しゃぶりをとりたい、現象だけを解消したいと思いますから、「指をしゃぶってはいけません」と言って、そのつどカラシを塗ったりします。でも、原因となっている問題が解決しているわけではないから、次々に違う現象が出てきます。そうしているうちに「育てにくい子」にされていくわけです。

そういうことがよくあります。私が「いつくらいから始まったの?」と親に聞いていく

＊チック（tic）顔、頸、肩などの筋のリズミカルな不随意的収縮を反復する症状。

と、経過を話しているうちに親も幼稚園が問題なのだと気づきます。そこで「休むと落ちつき、問題は改善しますよ、休ませることはできますか?」と尋ねると、ほとんどの親は不安になります。小学校に入ってから、登校拒否、不登校になったら困る、休み癖《ぐせ》を付けたくないと不安に思っているからです。

でも、休むのは癖ではありませんし、甘えでもありません。学校や幼稚園や保育園に行きたくないという子どもの話を30年以上聞いてきましたが、甘えやわがままで「行きたくない」と言っている子は一人もいませんでした。必ず事情があります。

でも子どもはそれを言葉では言えないし、親も聞こうとしないで、頭から幼稚園や保育園、学校には休まずに行くものと決めてかかっています。私は、それは子どもがわがままなのではなく、大人のわがままだと思います。子どもは大人の言うことは聞くべきだとか、集団に入るべきものだと思いこんで、子どもの個別の事情に対応しない大人の傲慢《ごうまん》さであり、わがままです。

時々「うちの子はわがままじゃないでしょうか」という親御さんがいます。私が、なぜ子どもの行動をわがままと判断したのか、具体的に事実経過を話し合っていくと、実は子どもには必ず抜き差しならない事情があって、むしろ親が「これはいいことだ、正しいことだ」と思って、子どもに無理を押しつけようとしていることが多いのです。「押しつけることの方がわがままかも知れませんね」と親が気付いて相談が終わることもよくあります。

つまり、子どもの自己主張が大人にとってのわがままということが、日本の社会には多いのです。

「行きたくない」は「行かない」ではない

それでは、子どもが「行きたくない」と言ったら、行かせない方がいいのでしょうか。それほど簡単ではありません。子どもが「行きたくない」と言った時に「じゃあ休む」と「絶対に行かせる」という二者択一にしない方がいいのです。というのは、子どもにとっては「行きたくない」という気持ちと「行かない」という行動は必ずしもイコールではないことが多いからです。

たとえば「行きたくない」と言う時には、行きたくない理由を親にわかって欲しいと思っている場合もあります。理由をわかってくれて、自分は不安を持ちながら幼稚園生活をしているのだということを親が知っていてくれれば少しは安心でき、子どもは行けるようになります。だから「行きたくないって、何か嫌なことがあるの?」と子どもに聞いてみてはどうでしょうか。その時に聞かなくても、お風呂に入った時や布団《ふとん》に入った時など、子どもがほっとしている時に、幼稚園のことを聞くと、「先生がとっても怖い」とか話し始めます。ある子は「先生が他の子を怒っているのが怖い、だから行きたくないんだ」と言っていました。お昼寝ができない子がお仕置きをされているのを見るのが怖いとか、食事が食べられないと口の中に詰《つ》め込まれるから怖いとか、子どもはいろいろなことを訴えてきます。

その時に先生は自分を守ってくれないし、親も知らない。自分が置かれている状況が理解されないことが怖いから行きたくなかったのです。だから「そういうことが嫌だったんだね、わかったよ」と言って、「じゃあ明日はどうする？」と聞くと「明日は行く」と言うことがよくあります。

あるいは「お母さんから『先生が他の子を怒っているのが怖い』って先生に言ってあげようか」と言うと「言ってちょうだい」という子どももいます。小学生になると、先生には言わないで欲しいという子が圧倒的に多くなりますが、幼稚園くらいなら言ってくれてもいいとか、担任の先生じゃなくて園長先生に言ってくれという場合もありますし、前の担任の優しかった先生に言ってくれという場合もあります。

つまり、事情をわかってくれて、守ってくれる人がいるのなら行ってもいい、というわけですちゃんと事情を聞いて、親がわかってあげる。解決しなくても、まずは親が知っていてくれるだけで安心だから、しぶしぶでも行ける。でも自分は喜んで行っているのではないということは知っていて欲しい。子どもの言うことを一人の人間として聞いてみると、「なるほど、行きたくないのには理由があるんだな」とわかるはずです。

このように見ていくと、幼稚園や保育園に行く年齢の子どもの許容量が親にも見えてくるようになりますから、無理はやめて、休むこともできるようになります。そして、休むことができるという保障があることで、子どもは安心して行けるようにもなるのです。

学校と教育への不信感が子どもに犠牲を強いている

親の目からはなかなかいい幼稚園なのだけれど、子どもがどうしても嫌だという場合もあります。それでは、幼稚園にはもう絶対に行かないのかというと、そんなこともないのです。子どもと一緒にいくつかの幼稚園を見ていくと、「ここの幼稚園ならいい」と子どもが自分で選ぶ場合が多いものです。

ですから、どうしても行かない場合は、いま行っている幼稚園以外の幼稚園をちょっと見学するのもいいでしょう。

子どもが「ここだったらいい」という幼稚園は、設備はそれほど近代的ではないけれど、その代わりに時間がゆっくり流れているようなところです。親の眼鏡に適《かな》う、大人のために体裁《ていさい》を整えているような幼稚園ではなく、人間的にとても素敵な大人がいて、大人と子どもという線を引かないで良く話を聞いてくれたり、時間を掛けてくれたりする人がいるところを選ぶことが多いようです。

親は子どもに選ぶ目があるか心配します。ほとんどの親は、親がよりよいものを探し、親が決めるものだという発想を持っています。でも、子どもの判断を信頼した方が確かですし、そのことでわがままになるということもありません。私が「自分を尊重されると相手も尊重できるように育っていきますよ」という話をして、実際にやってみると、みなさん「目から鱗《うろこ》でした」とおっしゃいます。

つまり、子どもとのコミュニケーションが大切なのです。それさえうまくいけば、子どもも納得するし、親もごり押しをしなくて済むので楽になります。大人にとっては反抗期かもしれませんが、子どもにとっては自己主張の時期です。3歳は反抗期だからといって押さえ込む、自己主張にとりあっていると先々わがままになるし、問題行動を起こす子になるということはありません。むしろ、その時期に押さえ込んでしまうから、きちんとした自己主張ができなくて、自分を抑圧して大人の求めるいいことだけやるようになってしまうのです。そして、大きくなって〝いい子〟が限界を超えると、キレて問題行動を起こすことになるのではないでしょうか。

結局、親が幼稚園という集団に早くから適応させなければいけないと思っているのは、小学校に行ってうまく集団に適応できないといじめられる。そんなつらい、悲しい思いをさせたくないという、恐怖感に近い先取り不安を持っているからです。

学校と教育が信頼されていれば、親は不安にならずに済むのですが、いまは学校も、そこで行われている教育もそれほど信頼されていません。つまり子どもの将来に対する不安があるのです。学齢期以降の大きな子に対しての教育的な課題が解決できないために、小さな子どもはそのしわ寄せを受けているとも言えるでしょう。そこを変えることができなければ、子どもたちはしわ寄せを受け続けるしかありません。

（出典：「子どもたちの幸せな未来を考える⑥免疫力を高めて子どもの心と体を守る」）

子どもが子どもでいられる時間

藤村亜紀（秋田県「陽だまりサロン」主宰）

今、目の前で腰振りダンスをしている娘と、みそ汁を頭からかぶっている息子。この子どもたちの未来のために、私ができることってなんだろう。

娘は小学生になり、息子も幼稚園に入った。あと数年すれば母の手を離れ、自分たちの世界を作っていくことだろう。なーんて、私にとっての「未来」はまだその辺の近未来まででしか及んでいないのだが。

幼稚園は塾じゃないのに

幼稚園といえば私の通っていた所には、大きな薪《まき》ストーブがあった。冬になると全園児が駆《か》り出され、小屋から薪をせっせと運んだものだ。ストーブの上には巨大なずん胴鍋みたいなものがデーンとしつらえてあって、家から持って来たお弁当を入れておくと、昼にはほっかほかになっていたっけ。

「懐かしいなぁ、そういや昔そんなのがあったな」と郷愁《きょうしゅう》に誘われたそこのあなた、それはちょっと勘違い。実はこれ「私が通っていた」とはいえ、通園していたのではなく、ほんの数年前まで通勤していた幼稚園のこと。

「子どもの成長に照らして無理なことはさせない」がモットーの園長で、お勉強もお泊り保育もなし。時代錯誤といわれても、それを貫き通した人だった。そんな園にいたせいで、私もすっかり「成長に合っているか」という視点で保育を考えるようになり、よその園におじゃましてもついついそれが気になるのだった。

なにぃー、保育の中で文字や計算を教える？　しかもそんなのかわいい方で、今やネイティブの人を呼んでの英語指導あり、コンピュータールームでのパソコン指導ありなんだとさ。

「幼稚園は塾じゃないんだよ。せっかく人が集まっているんだからさ、紙や画面じゃなくて人と向き合うべきでしょう？」と、ヒヨっ子の私は口に出せずにいたけれど。

イマドキの園長が商売繁盛のために心を砕くのは、主役であるはずの子どものことではなく、いかに親ウケを良くするかということ。

親が喜ぶように園はバスを備え、完全給食にし、延長保育を取り入れる。子どもは長時間バスに揺られ、一律一斉に作られた食事をし、園で多くの時間を過ごす。親が感激するように、行事は年々多彩になり、華やかさを増していく。子どもは準備や練習に追われ、遊ぶ時間が削られる。

勤務していたがゆえに舞台裏も知っている。たとえば秋の運動会。季節がら園児募集の頃でもあるし、外でやるから人目につくし、それは園児獲得のため各園、力の入るPRイベントと化していた。ある園の目玉はマーチング。楽譜も読めない子どもを楽器の前に座らせて「できるまでやりなさい」と強要する。できればできたで、今度は歩きながら人と歩幅を合わせて弾《ひ》けという。

できずに涙をいっぱいにためてうつむく子、「もう幼稚園に行かない」と小さな体いっぱいに抵抗する子。

よく見て。子どもは二つのことに同時に集中するなんてできないよ。テレビを見ながらごはんは食べられないでしょ。そんな子どもに、歩きながら楽器を鳴らせなんて到底無理な相談なのだ。

冷静に考えればわかりそうなことを、園の宣伝になるからと子どもの尻をたたいてやらせ、それをわが子の成長と泣いて喜ぶ父と母。

何かが間違ってはいないだろうか。

幸せな「今」なくして、幸せな未来に希望なんて持てはしない。

子どもの幸せって何だろう。

幼児期は文字や計算を覚えるのではなく、英会話やコンピューターを強《し》いられるのでもなく、まして大人の営利のために利用されることなく、人の温《ぬく》もりに触れ、生命あふれる物に囲まれて、今しかできないことを今ある柔らかい心で、たくさんたくさん感じること。それが子どもの特権であり、それを充分生かせる環境を整えることが私たち大人のするべきことではないだろうか。

そのために今、私にできること。それは、違うと感じたことを今度こそ声に出して「違う」と言う勇気を持つことかな。

よし、小さな一歩でも私はそこから始めていこう。

（出典：「子どもたちの幸せな未来を考える②〝育児〟〝子育て〟自然流って何だろう？」）

絵本を読むと子どものこころが見えてくる

内海裕美（吉村小児科院長）

親子の絆を築く絵本

昔は大家族でしたので、お母さんが子どもを叱った後に、おばあちゃんが「お母さんはああ言ったけれど、本当はあなたのこと、大好きなのよ」と慰《なぐさ》めるというような、親子関係を修復するシステムがありました。しかし、現在ではそうしたシステムはほとんど壊《こわ》れてしまっています。

親子関係が子どもと一対一で向き合わざるをえなくて、息が詰まった関係になりがちです。それは子どもにとってもきついことですが、子どもへの評価がダイレクトに自分の評価になってしまう親にとってもつらいことです。

つまり、親が「子育てしにくいなぁ」と思ってる時は、子どもも「育ちにくいなぁ」と感じているのです。しかし、子どもに変われと言うのはムリですから、やはり、大人が変わっていくしかありません。そんな時に、絵本は大人に大きなヒントを与えてくれます。

小さい時、大好きな身近かな人に絵本を読んでもらったという経験は、記憶の奥深いところにたたみこまれます。自分は愛されている、大切にされているという安心感をたっぷりと感じることができるのです。この経験は、子どものその後の成長に良い影響を与えることは言うまでもありません。

それだけはありません。子どもが好きな絵本とは、子どもの共感できる内容だということです。子どもが好きな絵本を読み、なぜこの子はその絵本が好きなのかな、と考えることで「子どもの気持ち」を理解することもできます。絵本を読むことは、その絵本を好む「子どもの気持ち」を教えてくれ、親が成長することができるきっかけになります。絵本の読み聞かせは、親子の絆を築く有効な方法の一つです。

絵本に描かれる大人が忘れてしまった子どものこころ

絵本を読むことは、子どもとのコミュニケーションだけでなく、子どもの気持ち、子どものこころの動きを知るためにも大切です。よい絵本には、大人が忘れてしまった子どものこころのありようが、見事に描かれているからです。

たとえば「抱っこ」を扱った絵本はたくさんありますが、その一つに『ふんふん、なんだか、いいにおい』（こぐま社）があります。「さっちゃん」とお友達のいろいろな動物が登場しますが、さっちゃんがおかあさんにギュッと抱きしめられているのを見て、キツネの子は自分のおかあさんを思い出してお家に帰ります。クマの子もおかあさんが恋しくなって帰っていきます。でも、オオカミの子だけワンワン泣いています。さっちゃんが「どうしたの？」と聞くと、「おかあさん、いない」と言います。

3歳くらいの子どもには、おかあさんがいないということは大変な衝撃です。子どもは「このオオカミの子はどうなるんだろう？」とハラハラ、ドキドキします。

すると、さっちゃんはオオカミの子に「おかあさん、かしてあげる」と言います。さっちゃんのおかあさんがオオカミの子を抱っこしてあげると、オオカミの子はとっても幸せそうです。さっちゃんが「また、かしてあげるから、いつでもおいでね」と言うと、オオカミの子は安心して帰っていく、というお話です。

絵本を読み聞かされている子どもたちは「おかあさんの代わりができて、抱っこされて、あのオオカミさん、よかったね」とホッとします。

お話の中でさっちゃんは、泣いているオオカミの子に理由を聞いて、すかさず「じゃあ、わたしのおかあさん、かしこあげる」と言えるまでに成長しています。たぶん、さっちゃんは5歳くらいです。その成長までには、さっちゃんがおかあさんにしっかりと育てられた過程があるはずです。

5歳くらいの子どもでも、人の気持ちに共感する、そして、どういうふうにしたら、その人が喜んでくれるかということに知恵を働かせることができる。そして、具体的な行動に移せるだけの力がもう育っていることが理解できる絵本です。けれども、そこまで育つにはやっぱり、育つだけのサポートと環境が必要なのです。

子どもの気持ちをどこまで受けとめられるか

『ぎーこんぎーこん　しろくまパパとあそぼう』（岩崎書店）という絵本では、クマの親子がギーコンギーコンとブランコに乗っています。すると、「あのね、あのね」と子グマがおとうさんグマに話しかけます。おとうさんグマは「ふむふむ」と聞いています。子グマはさらに「それでね、それでね」と言います。おとうさんグマはまた「ふむ、ふむ」と聞いています。おとうさんグマは、ただただ聞いています。そのうちに、子グマは安心して寝てしまう。それだけの話です。

このおとうさんグマは先回りして答えを言わないで、子どもの話を「ああそうだったんだ～、くやしかったんだ～」と言うように、きちんと子グマの気持ちを受けとめる聞き方がうまく表されています。人の話をきちんと聞く、さらに話し手の気持ちに心を傾けて聴くという姿勢が子どもの気持ちを受けとめるのには欠かせません。しかし、家庭の中で自分の話に耳を傾けてもらえない子どもが増えています。

「自分は愛されていない」と思いこむ子どもたちも潜在的に増えています。これは物質的に豊かになった裏かえしの現象でもあります。一生懸命に育てているのに、子どもに「愛されてる」と感じてもらえない子育てはとても危険です。物質文明という「道具」に任《まか》せることによる落とし穴を知っておかないと、中学生くらいになって「こんなはずじゃなかった」となってしまうかもしれません。「愛されていない」と感じている子は、自尊感情、自己肯定感が低く、不幸です。もちろん子育てのやりなおしは可能です。しかし、それにはとても時間とエネルギーを費すことになります。

子どもが登校拒否を起こして、初めて子どもの悩みがわかったとか、そういう「登校拒否をとおして成長した家族」といった話もありますが、できればそういうことはない方がいいわけです。

その子なりの理由に耳を傾ける

『くまのこうちょうせんせい』（金の星社）という絵本は大人が読んでも胸が熱くなります。大きな声を出せないひつじ君は、いつも「大きな声を出しましょう」とクマの校長先生に言われています。ところが、そう言っている校長先生が突然、病気で声が出せなくなってしまうのです。そして、校長先生は初めて、声を出せない人に「声を出せ」と言うことが、どれほどむごいことかに気づきます。この絵本は、末期がんを宣告された実在の校長先生のお話をモデルにしています。

声の大きさにかぎらず、その子なりに「できないこと」の理由があるはずですが、そのことを知ろうともせず、知っても理解しようとしない大人たち。みんな横並びに、同じようにさせようとする力が無意識に働いている大人たちの社会。「大きな声を出しなさい」と言う前に、その「小さな声」に一所懸命耳を傾け、理解しようとする周囲の大人たちの姿が、子どもを育《はぐく》んでいくはずです。

「家出」をする子どもに対応できますか

子どもの絵本の中には、家出を扱った絵本もあります。

『フランシスのいえで』（好学社）は、アナグマのフランシスが主人公。妹のグロリアが生まれてから、それまで何でも自分が優先だったのに、グロリアのお世話が優先になって、自分は後回しにされてしまう。なんかいつもの生活がくるってしまって、フランシスは、「もう私なんかいなくてもいいのかな」と思って、「わたし、なんかつまんないから、家出する」って宣言して家出をしてしまうお話です。子どもの家出ですから、バッグにチョコレートやクッキーをつめたりして、自分の家のダイニングテーブルの下が家出の場所。親も「なにバカなこと言ってるの」なんて言わないで、「ああ、そうなの」って優しく送り出してあげます。隣のダイニングのテーブルの下にフランシスがいるのを知りながら、リビングでは両親が赤ちゃんのグロリアを抱きながらしゃべっています。

「フランシスがいないと寂しいね」「いつも歌ってくれる、あの歌が聞こえないと、寂しいね」

フランシスのことを「回想」する会話を両親がしているを聞いているフランシスは「あれ、私って、やっぱり必要なんだわ」って思って、テーブルの下から「わたし、これから帰るわ」っておかあさんに電話します。おかあさんが「帰ってらっしゃい」って言います。親がジーっと子どもの気持ちに添うと、自然とトラブルが解消されることがわかります。

もちろん、その一歩前で気づいていれば「家出」はなかったのですが、やっぱりついつい寄り添えない、そういう日常はあります。でも、その後のフランシスの両親は辛抱づよい対応です。上の子が急に、ダダこね始めたということに、わずらわしいと思うのではなくて、「そんな気持ちにさせちゃったのね。ごめんなさい」と思えれば、子どもはすぐに立ち直ります。下の子の登場は、上の子にとっては家出を決意させるほど、ショッキングな出来事なのです。知っていれば何の問題もないことです。そのことを、この絵本は教えてくれます。

子どもの心を知ることで親は成長できる

『いい子ってどんな子』（戻転社）は、うさぎのバーニーがお母さんに「いい子ってどんな子？」と聞くお話です。

「怒らない子がいい子なの？　泣かない子がいい子なの？」

お母さんは「泣かない子なんていないでしょ。悲しい時は泣いていいのよ」と一つひとつに答えてあげます。めんどくさがってけっして切り捨てたりしません。

親ってどうしても、100点だとニコニコ顔になるし、70点だとしかめっ面になってしまいます。でも、それは子どもにとってはとてもつらいことです。

それから、「お前なんてうちの子じゃない」とか「おまえは橋の下から拾ってきた」といったことを、ものの拍子に言ったりすると、子どもはある時それを思い出しますし、大人になってもずっと覚えている人もいます。大人の言葉は子どもの心の根っこの部分に、大人が思っている以上に大きな影響を与えているものです。そういう子どもは、いつでも親に見捨てられるという不安を持っています。だから、しがみつくのです。

虐待された子どもほど他人がいやがることをする傾向がありますが、それは、それでも自分を見捨てない人を見つけたいという思いからであって、人間不信の表れなのです。

『いもうとのにゅういん』（福音館書店）という絵本は、入院した妹に何を持っていったら喜ぶかしらと、お姉ちゃんが一生懸命考えて、それまで妹には貸してあげなかった大事にしていた自分のお人形さんを病院に持っていって妹にあげるという話です。お姉ちゃんは誰に言われたわけでもないのに、妹がどうすれば喜ぶかって一生懸命考えた、その結果です。

それを見たお母さんは、「一晩で、こんなにお姉ちゃんになったのね」と一言添えてあげます。その一言をかけてあげられるかどうかで、子どもはやはり違ってきます。子どもの成長をきちんと見ている大人がいるということは、とても大切なことです。子どもは自分自身で育つ力もあるけれど、周囲の大人の支えも必要です。そういう大人の関わり、見守りがよく表れている絵本です。

『みなみのしまのプトウ』（アリス館）という、バリ島の子育てを扱ったとてもユニークな絵本もあります。この島の10か月の男の子がたくさんの家族と一緒に住んでいて、お母さんはおっぱいをあげてから仕事に出かけます。年上の子どもに預けていくのですが、おじちゃん、おばあちゃんも見てくれて、お母さんが帰ってくるまでいろんな人が育ててくれる。いろいろな人が子育てに関わっているという島です。絵本の最後にはこうあります。

「誰がお母さんだか分からない」。

昔はどこでもそうだったのですが、お母さんだけが子育てをしてたわけではありません。だから、今のお母さんがつらい状況にあるのは、「お母さんだけが子育てに専念している」、そういう社会になってしまったからなのです。

大人が幸せであることが子どもを幸せにする

『いまがたのしいもん』（童話屋）も、大人が学ぶところがとても多い絵本です。

お母さんが主人公の女の子に「大きくなったら何になる?」と質問します。女の子は「子どものままがいい」と答えます。「どうして?」と聞くと、子どもらしい言葉で「だって、あんな楽しいこともあるし、こんな楽しいことあるから。いまがたのしいもん」といくつも楽しいことを答えます。

それを聞いていたお母さんが「大人だって楽しいもん」と言います。子どもは「大人は何が楽しいの?」と質問します。お母さんの答えが素敵です。

「あなたのお母さんになったことよ。大人っていいでしょ?」

あなたがいることで私はとても幸せだということを、子どもに伝えていく。それによって、子どもは、大人になっていいかなあと思う。幸せな大人のそばで子どもが生きるということが、どれほど大切なことなのかがよくわかります。

子どもを幸せにしようという前に、大人が幸せかどうか、ということを鋭く問うている絵本だと言えるでしょう。これを読み終わったお母さんたちはハッとするでしょう。「自分が幸せだと言い切れるかどうか」と。子どもはそういうお母さんも見ています。大人になりたくない子どもが増えている現代にあって、大人がどう子どもの前に立つのかと教えてくれる、とてもいい絵本だと思います。素敵な子ども時代の先に、素敵な大人時代があるということを、大人は示さなければいけません。


(「子どもたちの幸せな未来を考える④子どもを伸ばす家庭のルール」に、新たにインタビューを加えて構成しなおしました。)

日々の慌しさに追われているあなたへ

子どもたちの問いかけが聞こえますか

秦 理絵子（学校法人シュタイナー学園初等部・中等部校長）

心に刺さる泣き声

都心から少し離れた木立に囲まれた井の頭公園は、四季を通じて、小さな子と親たちとの格好の過ごし場所です。とりわけ緑陰のもと、木洩《こも》れ日が地面や池の上に金のかけらを投げる日には、夕方まで子どもたちの声が絶えません。

「ママ、鳥さんのせなかに、お水がついてるよ！」

3、4歳くらいのその子には、水の玉がきらきらとまぶしく見えたのでしょう、素直な驚きが弾《はず》んでいました。

「ああ、あれはねえ、羽が水をはじく現象なんだけど、『表面張力』っていうのよ」

見れば全く普通の感じのお母さん、今、耳に入ったその言葉を本気ととればいいのか、冗談と思って笑ったらいいのか、私の気持ちは行き場を失ってしまいました。

宙ぶらりんな思いのまま歩みを進めると、目の前をはしゃいで駆《か》け抜けていった、やはり3歳ほどの男の子が、石につまずき転んで、大声で泣き出しました。お母さんは、2メートルほど離れた柵《さく》に腰掛け、お菓子の袋を開けながら「だっから言ったでしょう！ もうー」と怒りを含んだ声を投げます。男の子は膝《ひざ》をついて泣き続け、お母さんはいつまでたっても柵を立とうとはしません。

ああいう泣き声は胸に痛いなあ、と歩き続ける私はひとりごちます。街で遭遇《そうぐう》する場面にそれにしても……と気持ちを止めることが、最近たしかに増えています。

「世界が痛い」。言葉にしたら、そう表すしかない、小さい子のまもりの薄い泣き声が、尖《とが》った先端となって心に刺《さ》さるようになったのは、私の場合、母親というものになってからでした。

〝子ども〟の存在を静かに聴く

1991年初め、その前から、イラクの突然のクウェート侵攻を受けて世界全体が騒《さわ》がしくなっていた、ざわざわとした地響きが、アメリカの空爆で火を吹きました。

戦闘が地上戦に移行していた頃、私は近くの銀行に用事に出かけました。そのような場の常としてテレビがついており、海の向こうの戦いを映し出す画面で、一瞬マイクが赤ん坊の泣き声をとらえました。まわりが静止したかと感じられたほど、その声は私の体内に深く入り込みました。私は、その声を受けても銀行の業務が全く滞《とどこお》らないことに、むしろうろたえてしまいました。

妊娠・出産という、世界の「あちら側」と「こちら側」の間に身を置く時期に、女性の感覚は日常の敷居《しきい》を越えて鋭敏になるのでしょうか。

幸か不幸か、私の共感覚は、今はもうあの時ほどは開ききっていません。

今日、再びイラクに戦火が広がり、似たような様相が繰り広げられました。

あの時イラクに生まれた子たちも、日本の子と同じに15歳になっています。その歳になる前に、日本よりずっと多くの子どもたちが命を失ったはずです。生きている子も、民族間の強烈な怨嗟《えんさ》の熱風に揉《も》まれ続けます。イラクに限らず、古今東西《ここんとうざい》、子どもが子どもであることをやめなくてはならない厳しい状況は絶えたことがありません。

衣食が事足り、物も潤沢《じゅんたく》で、大人たちが子どもに向かい合う余裕を持てる今の日本で、ではなぜ、子どもの声を聴き取る耳が麻痺《まひ》し、子どもを受け止める両腕が萎《な》えてしまうのでしょう。まるで、そうさせまいとする力が働いているかのようです。

公園で出合った場面には、大したことではないと済ましきれないある怖さが隠れているように感じられます。子どもから発せられた小さなよろこびと悲しみは、置き去りにされて脇へ放り投げられてしまいました。ふっとした気の緩《ゆる》みで、誰もがやってしまいがちなことです。

何がそうさせるのか、その原因は、と追究するよりも、次はもっと別のやり方で、と努力することこそが、必要に思えます。子どもたちの「喜びと共に喜び、悲しみと共に泣く」心を取り戻したいのです。ただし、大人として、子どもを受け止める静かさを持って。そう、子どもについて語るためには、子どもを知らなければなりません。子どもがどのように育ち、その時期に何が本当の糧《かて》となるのかを見極めたいのです。その知は、目の前の子どもと本気で関わり、子どもが存在ごと差し出す問いかけを聴き取ろうとする身近な努力なしには、決して命を持って実ることはないでしょう。

（出典：「子どもたちの幸せな未来を考える⑦心と体を健やかに育てる食事」）

第5章

お母さんのできること、お父さんのできること

わが子に早く教育を受けさせなければ、と考えているあなたに

お母さん、子どもの好奇心をつぶさないで

見尾三保子（神奈川県「ミオ塾」主宰）

勉強の意味がわからない子どもたち

私は50年近く塾を運営し、小学生から高校生まで、2000人以上の子どもたちを教えてきました。その経験から、ここ15～16年、学習にまったく実感がなくなっている子どもたちが急激に増えてきたと感じています。たとえば、何年か前、私の塾に小学校2年生の女の子が来ました。その子のお母さんは教育熱心で、英才教育の塾に通わせたり、自分でも毎日勉強を教えていました。私立中学校の受験のために専門の少人数の塾にも通っているということでした。

最初の日に、その子に3年生でやるはずの5桁《けた》の足し算と引き算をやらせたら、短時間

で50題が見事にできました。ところが、「100より2つ小さい数はいくつ?」と聞くと答えられません。

次の日は「時間」の問題をしました。「午前10時50分から午後3時20分までは何時間何分?」という問題は、24時間に直してすぐにできるのですが、「10時の10分前は何時何分?」とか「10時から20分経ったら何時何分?」と聞くと答えられません。

やはり小さい時から反復練習の塾に通っていた別の小2の子は、6年生で習う分数の加減乗除ができました。学校ではまだ分数も習っていないけれど、九九の計算は習っているからできるわけです。

でも、100円玉を3つ出して「3分の1はいくら?」と聞くと答えられません。「分数というのはどういうことだと思っているの?」と聞くと、「そのうち『2階建ての数』が出てくるんだと思っていた」と言います。三つに分けるということではなく、1/3という新しい数字が出てくると思っていたわけです。ペーパーの上でやり方だけを覚えて、何も理解していないし、それが意味することの具体的なイメージが何もない。こういう子どもが増えています。

その子どもたちの通っていた塾では計算のやり方は教えても「意味」を教えていないからです。

「やり方を覚える」ことだけを訓練してきた子どもは「読解オンチ」になり、やり方を覚えればよい計算や方程式は得意でも、文章題や図形のように応用力が必要な問題はできません。だから、小学校を卒業するくらいまでは学校のテストでいい点をとっていても、先に行くほどできなくなる。出題範囲の決まっている学校のテストはできたとしても、高校受験や大学受験には受かりません。そして、意味がわからないから前に進めなかったために成績が悪かった子に、いつの間にか追い越されていくということも起こりがちです。やり方だけ覚えて、「なぜこうなるか」ということを抜かしてしまうと、別の問題にぶつかると応用がきかないわけです。算数は頭を効率のよい電卓にすることではありません。

ところが、お母さんは、2年生なのに6年生の算数の計算ができるとよろこんでいます。それを他のお母さんが聞いて「自分の子にもやらせよう」と思っています。

応用力のある頭、ひらめきのいい頭というのは、いろいろな方向から物事が考えられるやわらかい頭です。やり方ばかりを覚える間違いに早い時期に気がつけば、やわらかい頭にすることは容易ですが、小学校の3～5年生くらいまでに頭のやわらかさがつぶされてしまうと、それを治すのにはかなりの年月がかかります。

大切なのは理解することです。理解して納得すれば嬉しいし、次の意欲にもつながっていきます。やり方を覚えただけだとすぐに忘れます。テストの時にはできたのに、ほとんど何も覚えていないということを経験したことがある人も多いと思います。それはテストのために、ただやり方だけを覚えたからです。理解したことは忘れにくいし、忘れたとしても、ちょっと復習すればすぐに思い出して、勉強した時点の理解に戻れます。

生活体験と勉強の関係

数年前に中2の女の子が塾に来て、イスに座ろうとしたら、机の上に虫を見つけて飛びのいていました。見ると1ミリにも満たないほどの虫がいました。私がその虫をとってあげると、ようやくイスにかけました。15年くらい前まではあり得なかったことです。

ほんの1ミリ足らずの虫にも飛びのいてしまうのは、子どもたちが「自然なるもの」に触れる実体験が少ないからだと思います。そして、そのことと、具体的な理解が何もないことや学習にまったく実感がないこと、自分を含めた地球上のすべてのことがみんなペーパーの上での出来事になってしまっていて、何に対しても実感がないこととはつながっているような気がしています。

数年前、鳥インフルエンザでたくさんの鶏《にわとり》が死んだところをテレビで見ましたが、もともと地面で生きていた鶏が狭い鶏舎に押し込められているから生命力がなくなってしまったのではないでしょうか。あれはもう「鶏」ではないと思いました。そして、私は、鶏が鶏でなくなっているように、子どもは子どもでなくなり、人は人でなくなっているんじゃないかと思いました。

頭を柔軟にする勉強方法

私の塾では、頭の固くなった子どもの頭をやわらかくするために、私が作った暗号ゲームのような問題を出しています。また、私の算数の問題は国語の問題かと思うほど長い文章でできていて、読解しないと答えが出てこないようになっています。かなり頭を使って考えないと解けません。

しかも、わからなくてもちょっとしたヒントをあげるだけで、何も教えません。ゲームのような問題だから、答えが出てこないと子どももイヤなので夢中になります。みんな必死になります。そして、私のヒントに誘われて20分も30分もかかって解けると、「わかった！」といって満面の笑みになります。

もちろん、学校の勉強に沿った問題もやっていますけれど、半分以上はゲームのような問題です。こっちの問題の方がいいと気づいた子どもは「学校の勉強はもう自分でできるようになったからいい」と言い出します。そういう子どもは学校の勉強ができるようになっています。

小学4年生の時から塾に来ていたある男の子は、5年生になったら一番成績のいいクラスに入りました。でも、その子は私の塾で学校の勉強を4、5回しかしていません。あとはずっとゲームのような問題ばかりやっていました。

私が「一番いいクラスに行ったということは自分で勉強したんだね？」と尋ねたら「そうだ」と頷《うなず》きました。そこで「こういう勉強ばかりやっていたら、頭が変わったということだね？」と尋ねたら、「そうだ」と言っていました。

こんなこともありました。国立附属中学の入試まで2か月になってから、算数だけ見て欲しいと塾に来た女の子がいました。話を聞くと、学校の成績は中くらいだけど、塾には行ったことがないということです。おっとりしたお嬢さんなので、最初に会った時に「これは頭がやわらかくなる可能性がある」と思いました。それで、最初の1か月は頭をやわらかくする問題だけをやったら、ひらめく頭に変わってきました。それで残りの1か月で入試の項目を一通り終えました。8倍の競争率だったそうですけれど見事に受かりました。普通の進学塾で頭が固くなっていたらだめだったと思います。

結局、応用力があるとか、頭がひらめくというのは頭のネットワークなのです。ところが、やり方ばかりを覚えていると、そのネットワークの訓練にならないのです。

トランプや将棋といった昔からある遊びは、脳のネットワーク全体を使うという話を聞いたことがあります。そういう遊びをやっていると頭がひらめくようになる、つまりやわらかい頭になる。ところが、テレビゲームは脳の一部しか使わないそうです。

だから、お母さんは子どもに勉強を教えるよりも、一緒にトランプゲームをやれば、頭がやわらかくなります。そういうことを一切やらないでペーパーテストばかりやっていると、頭が固くなってひらめく頭になりません。

幼児から英語や漢字を習わなくても絶対追いつける

子どものために塾を選ぶ時には次のようなことを注意してください。

大人数で授業を受けるタイプの塾の場合、その塾の中で自分の子どものレベルが、クラスの平均に達しているかどうかを見てください。授業内容のレベルがその子の学力より高いと子どもはあせって、考えないでともかく答えを出そうとすることになりがちです。一般的な塾にとって一番大事なのは「○○校・○○大学」というように宣伝になる上位を占める生徒ですが、それ以外の子に「うちの塾に来てもためになりませんよ」とは言いません。

もちろん、大手の塾や予備校に通う全員が理解する学習をしていないということはないはずです。理解していなかったら大学受験で受かりませんから。

しかし、私は、そうした塾や予備校では有名大学に入ることがゴールになっていて、その先のことは考えていないということは問題だと思います。本当の問題は大人になった時にどんな人間になっているかです。

数年前、テレビで、台形の面積の計算を小学校の算数に入れるかどうかという街頭アンケートをしたら、「学校で勉強したことは世の中で使わないからどうでもいいでしょう」という人がたくさんいて驚きました。教育のことが何もわかっていないのだと思いました。

高校生は大学受験があるから、中学生は高校受験があるから勉強しているとは思っていますが、一部の人を除けば、社会に出ても学校で習った知識ややり方をそのまま使うわけではありません。では何のために勉強するのかというと、理論的に物事が考えられるような思考力を育てるといったように、人として生きていく知と心を養うためです。

現代の多くの親は、小さいうちから英語や漢字を習っておかないと学校に行って学習面で遅れるとかわいそうだと考えていると思いますが、50年近く塾をやってきて断言できることは、小さいうちから急いで勉強しなくても差はつかないということです。つまり、もっと大事なことがあるのです。

小学3年くらいまでは「勉強をやらせないと将来が不安だから」などと考える必要はありません。それよりも、子どもの旺盛な好奇心とやる気、発見の喜びを失わせないようにすることの方が大切です。それさえ持っていれば4年生からでも大丈夫です。それまでにお母さんが子どもの好奇心や、やる気をつぶさないようにすることが大事なのです。

母親が「自分で子どもをこしらえよう」としてしまうのが一番問題です。子どもはものすごい力を持っていますし、好奇心も情熱も持っていますから、サポートは必要ですけれど、それをそのまま伸ばしていけばいいのです。9歳までの子育てで大切なのはこのことに尽きます。

猫を見ていると、母猫は子猫をなめずり回すようにして可愛がっています。しかし、子猫をいつも見守っていても手は貸しません。見守るけれど何もしない。動物のそうした子育てを少し見習った方がいいでしょう。子どもは自分で学んでいくものなのですから。

子どもはもともと自分から学習する生き物

私の三女に子どもができました。その孫を見ていて改めてわかるのは、子どもは好奇心の塊《かたまり》だということです。手の届くところにあるものは何でも口に入れてみる。何かがあったら、そこまではっていって確かめる。放っておけば、そんなことを一日中やっています。引き出しを開けると、いろいろなものがあります。孫は目を輝かせて一つ一つばらしています。赤ちゃんにはこの世界で出合った全部が発見ですから、全部を知りたがっています。

赤ちゃんは物をつかんで投げますが、あれも何かを確かめているのだと思います。だから、投げられて困るもの、壊れて困るものはちゃんとしまっておいて、子どものやるにまかせた方がいいのです。

私の孫は、大人がいつも開ける冷蔵庫の一番下の野菜室を開けてみようとするけれど、ずっと開けられませんでした。ある日、やっと開けられた時、（開けられたー!!）という歓喜の顔をしました。その喜びが、勉強していて「問題が解けた!!」ということとつながらなければいけないのです。

それから、母親が毎日かける掃除機のコードが廊下のコンセントにつながっていることを知って、いつもコンセントのところに行って、一生懸命に抜こうとしましたが、力がないから抜けません。それがある時に抜けました。その時の（はずせたぞー!!）という顔。その延長線上に学校に行ってからの勉強もなければいけないのです。

赤ちゃんがはっていって試してみたくてしょうがない。それが「学習」です。小学校や中学校の学習も同じです。その熱心さで学習に取り組めるようにすればいいわけです。

子どもはもともと学習する生き物です。それが子どもの原点であり、学習の原点です。赤ん坊も四六時中、環境の中で学習しています。その「好奇心」や「チャレンジする心」が学習の原点です。

子どもはみんな何かしら素晴らしいものを持っています。どの子も本当にすごいものを持っています。ユニークで繊細で、大人がかなわないようなものを持っていますが、たいていの子どもの場合はつぶされていきます。本当は何もしない方がいいのに、大人がマイナスのことばかりするからです。親は少なくとも何がマイナスかを知り、マイナスをしないで欲しいのです。特に教育熱心な母親の中には、わが子を立派に育てることが自分の人生の意義になっていて、その熱心さが逆に子どもが持っている「自ら学ぶ力」をつぶしてしまう場合があります。

私の塾では、宿題を出しても「義務じゃないのよ、やりたくなったらやるのよ」と言っています。この間、小3と小4の女の子が一緒に来て、争うように私に宿題を提出しました。つまり（やりたいからやりました）と言っているわけです。そこには孫の喜びと同じものがありました。教育とは、子どものやる気と能力を引き出すことです。

ドイツ語の「教育」を指す「エルツィーウング」の元の動詞である「エルツィーエン」は「内在するものを引き出す」という意味だそうです。また、英語のエデュケーションも「エデュース（引き出す）」の派生語です。ところが、日本語の「教育」は教え育てることであり、「授業」は学業を授けること、「教諭」は教え諭《さと》す人ですから、教える側が上から与えるという発想が強いわけです。しかし、好奇心の塊《かたまり》である子どもが自分から学ぶ力を信じないところに、本当の教育はありません。

親ができる、子どもの勉強への三つの関わり方

子どもの学習にとって親がしなければいけないことは、まずは「反復・復習」です。

私は「理解する学習」をしていますが、「復習」もつねに行っています。といっても、意味がわからずにやり方を見えるためではなく、以前に学んだ基本的なことを思い出させるためです。子どもは忘れるものですから、忘れるということを前提に考えなければいけないのですが、学校では教科書に沿って授業を行いますから、繰り返し復習することはありません。

そこで家庭では「勉強しろ」というのではなく、この「反復・復習」をやってほしいと思います。ただし、新しい問題集を買ってきてあてがうのでは子どもには負担になるだけです。小1からの教科書をとっておいて、それまでの学年で学んだことで忘れていることはないかチェックします。度やった教科書だと、子どもは自分の沽券《こけん》に関わりますから真剣にやります。もちろん、子どもが自分からやりたがるのであれば、新しい問題集を買ってもいいでしょう。

もう一つ大事なのは、文字をていねいに書き、ノートをきれいにとる習慣をつけること

です。乱雑に字を書く子どもは自分の字を読み違えたり、また、考えた筋道が自分でもあやふやになります。だからといって、高校生くらいになってから文字の指導をしても、直すことはほとんど不可能です。小学校に上がった時から、下手でもいいからていねいに書くように注意してあげてください。

最後にもう一つして欲しいのは、本が好きな子にして欲しいということです。小中学校の国語力は、本にどのくらい親しむかでほとんど決まってしまいます。しかも、国語力はすべての教科の助けになります。子どもが本を好きになるのには、まず親が押しつけないことと、幼児期にせがまれたら飽きずに何度も読んであげることが始まりです。

子どもの勉強に関しては親がやることはこの三つで充分です。

（出典：「子どもたちの幸せな未来を考える⑪子どもの感受性を育てるシュタイナーの芸術体験」）

父親としての子どもへの関わり方がわからないあなたに

「父性」だけが子どもにできること

正高信男（京都大学霊長類研究所教授）

安全基地としての母性

人間の赤ちゃんは、自分自身では何もできない状態で生まれてきますから、当面の間、食事を与え、体調に注意を払い、何を望んでいるかを察し、先回りして充足させてくれるような存在が必要になります。それを与えるのが母性です。母性は子どもにとって安全基地のような働きをします。

ただし、母性を担《にな》うのは必ずしも母親とは限りません。一人の人間の中には、母性的なものも父性的なものもありますから、父親が母性を発揮することもあれば、母親が父性を発揮することも、一人の人間が両方を担う場合もあり得えます。つまり、母性と父性は、養育者の子どもに対する違いを表してるだけです。

生まれた子どもに対して、養育者は母性と父性という、少なくとも二つの違った影響力を発揮することが大事です。しかし、母性と父性は互いに相反するところがありますから、一人の人間が二つの役割を担うのは容易ではありません。ですから、子どもを育てる時には少なくとも二人の人間、あるいはそれ以上の人間が養育を担当することが望ましいと思います。子どもの周囲に女性と男性がいるのならば、女性が母性を担い、男性が父性を担うことが無理がないと言えるでしょう。逆に言えば、女性と男性がいなければ、誰が二つの役割を担ってもいいわけですし、極端な話をすれば、女性が父性を担い、男性が母性を担ってもいいのです。

とはいえ、たとえば母乳を与えることはいくら父親ががんばってもできません。生物としての男性が母乳を与えられない以上、母性は母親が担い、父性は父親が担ったほうが無理がないということは言えるでしょう。

ところで、生まれたばかりの子どもには、当面の間は安全基地としての母性が優先されなければならないと言いましたが、それでは父性とは何でしょうか？

ある時期までの子どもは母性に包まれて安全に過ごすのですが、そこに永遠にとどまっているわけにはいきません。いつかは心地よい安全基地から外に出て、一人の人格を持った人間として踏み出さなければなりません。実は、それを促すのが父性の役目なのです。

子どもにとっての「自然」とは

近年、子どもが自然と接する機会が減っていることによる悪影響が問題になっています。この場合に前提になっている自然とは、木や草や川があり、虫や鳥といった小動物がいる自然という意味でしょう。しかし、私は人工物が氾濫《はんらん》する都会においても、自然を認識することができる可能性は十分あると考えています。子どもにとって自然とは、木がある、虫がいるということではなく——つまり「非人工的な環境」ということではなく——自分の力が及ばない、畏怖《いふ》しなければならないような領域が「自然」の本質だと考えているからです。

子どもは親の養育がなければ、自分の力だけで育つことのできない非常に無力な存在です。そこで両親、多くの場合は母親から情緒的な安定を与えられて育っていきます。しかし、与えられた情緒的な安定に充足して生活していくだけでは、あくまでも母親のコピーにすぎず、一人前の人間にはなれません。人間は最終的には自立することが必要です。自立するためには「安全基地としての母性」から出ていかなければなりません。

しかし、「安全基地」の外の世界は、それまで自分がいた世界とはまったく違う秩序によって支配されています。自分の知っていたルールが適用できないという意味では「闇の世界」であり、極端に言えば「恐怖の世界」です。子どもは最初、どうして自分の力が及ばないのか理解できないでしょう。しかし、「恐怖の世界」「闇《やみ》の世界」こそが「自然」の中身です。そうした「自然」は現代であっても子どものまわりに存在しているはずです。

つまり、植物や虫や鳥が昔のままで存在することと「自然」は同義ではないということです。緑があるからと公園に行き、母親と密着して散歩することだけで「自然」に触れ、「自然」を認識するとは言えません。子どもが自分が理解できないような世界に出ていく時に、まわりにある世界がすべて「自然」であり、そうした外の世界に出ていこうとする経験をすることが「自然に触れる」ことの本質なのだと思います。

逆に言えば、世の中のことがすべて自分の理屈で分かり切ったものになるということは、「自然がなくなる」ということであり、自然を認識するということは、個々の人間の行為を超越した力を発揮する存在を身体を通して知ることだということです。私たちが定めたルール内で行う行為は、「自然」が許容している範囲内で成立しているということでもあります。私たちには、闇を畏怖《いふ》することによって自分の行為を律する基本的な枠組みを与えられているという側面があります。だから、子どものしつけの第一歩は闇を敬《うやま》い、「自然」の怒りにふれないようにしましょう、というところから始まらなければならないはずです。

闇を恐れて安全基地にとどまっているのではなく、怖くても、自分がいる安全基地にはない何かがあり、予想外の出来事が起こる。それに出合うことはすばらしい体験なのだという闇の両義性を指し示し、子どもの背中をそっと押してあげる。それが父性としての親の役目です。

ストーヴは幼児にとって危険ですから、親は近づかないように厳しく制止します。しかし、子どもは一生涯ストーヴを避けて暮らすことはできません。そこで親は「危ないよ、怖いよ」を、ある時期からは「自分でつけてごらん」と促すことになります。それはストーヴという「自然」の両義性を教えることとです。

心の動きは、体と切り離され、独立しているのではありません。しかしながら、しばしば心だけが一人歩きをするかのように誤解し、体とのつき合いが人間形成を果たす役割を軽視すると、他人の痛みを自らの身体感覚に引き寄せてイメージすることはできなくなってしまうでしょう。他人に暴力をふるうことを抑制するのは、他人から暴力を振るわれた時の気持ちを考え、その立場にある他人を想像する社会的な思いやりの能力です。その感性は言葉で教えられて理解するものではなく、あくまでも体で把握しなければなりません。

数年前に「なぜ人を殺してはいけないのか」という問いかけがマスコミでしきりに取り上

げられ、様々な人がコメントをしました。しかし、言葉で人を殺すことの是非を伝えることの自体が見当はずれのことであるという意識は希薄であったように思われてなりません。

父性が衰弱した日本社会

「自然」とは、自分が全く理解できない恐怖をもたらす世界、迷い子になった時のように親元に戻れない領域、自分の想像力の全く及ばない世界や出来事、そうした未知の世界ですから、究極の「自然」とは死――たとえば身近な祖父や祖母の死を見送ることであるのではないでしょうか。

しかし、最近は人が死ぬ場に遭遇《そうぐう》することはほとんどなくなってしまいました。大概の人間は病院で死ぬようになったからです。予期せぬ死がなくなった現代では、死を体験させようとしてもできません。同様に、子どもが生命が誕生する場に立ち会うこともありません。圧倒的に多数の母親が病院で赤ちゃんを生むようになったからです。

よく言われることですが、現代では死についても誕生についても、管理され隔離《かくり》された特別な場所で行われていますから、死や誕生の現場に接することはほとんどなくなりました。それも「自然」がないということに等しいと思います。

そして、死や誕生はもとより、いまでは闇さえも子どもに見せないようにしています。

たとえば、公園の池に入ろうとしても柵《さく》があって、中に入れないようになっています。行政がどんな場所にも柵をつけるのは、誰かが中に入って事故に遭《あ》ったりケガをした場合に、裁判になると「入れるようにしてあった行政が悪い」と責任をとらされるからです。

子どもが外に出ていこうとする時には必ずリスクをともなうのですが、そのリスクを自分で負《お》うのではなく、リスクを放置した人間の責任に転嫁させてしまっているわけです。運動会でかけっこをして順番をつけると、ビリになった子どもの心に傷を残すことになるかもしれないからと順番をつけないようにするのも、同じ例です。

こうした一つ一つのことが「自然」を剝奪《はくだつ》した子育てにつながっていきます。安全基地の外へ踏み出すことを子どもに促す父性が発揮できる機会を、社会が剝奪しているということでもあります。そして、そうした教育のなかで育てられてきた子どもたちが大人になり、母性原理の強い現代のような社会になっているのだと思います。

ただし、最近、子どもに刃物を使わせて何かをさせようという動きが出てきています。一時期は刃物を持たせたらケガをして危ないとか、ほかの子どもを傷つけるからあぶないと言っていましたが、そればかりではだめだということがわかってきて、危険を冒《おか》しても子どもに体験をさせようという動きが出てきました。ある意味でこれは「自然」を回復させようとする試みの一つなのだと考えられます。

近代化が進行するにつれて、家族の形態は変化し、それまでは当たり前だった三世代の同居や生業を営む場所と生活の場所が分離するようになりました。乳幼児の死亡率は低下しましたが、子どもと高齢者の関係は疎遠《そえん》になっていきました。人々は「自然」を失っていったのです。そうした中にあって大人は、意識するしないに関わらず、育児の一環として「自然」を教え込む必要性を感じてきました。たとえば、それを多くの怪獣やお化けが登場する子どものための物語に見ることができます。子どもたちの心を虜《とりこ》にしているJ・R・R・トールキンの『指輪物語』や、モーリス・センダックの『かいじゅうたちのいるところ』という作品は「自然」を教える環境が乏しくなってきたのに対応して、人々が生み出した表現であると見ることができるのです。

というのは、一見こうした児童文学は世界中の子どもたちを魅了しているように思えますが、実は日本やアメリカなどのいわゆる先進工業国以外の子どもたちには、それほど関心を抱かれないらしいからです。同じようなことはコンピューターのRPG（ロールプレイングゲーム）でも指摘されています。つまり、身の回りに「自然」や闇がふんだんに存在する環境にいる子どもには、こうした絵本やゲームは「なぜこんなものがおもしろいのか」というふうに迎えられるというのです。

この事実は、人間が社会化させる課程において、畏怖の対象となる「自然」や闇との交流を求める資質が本来与えられていることを示唆《しさ》しています。そして、子どもの成長にとって「自然」や闇の経験が重要な意味があり、それ抜きに育った場合には何らかの支障を生じさせる可能性があることを物語っていると言えるのではないでしょうか。父性の大切な役割は、人間の成長にとって重要な意味を持つこの交流を促すことです。ところが、現代の日本社会は、そうした交流ができないような環境になっているのです。

母性的な社会になった理由

子どもをいつまでも「安全基地」の内部にとどまらせておこうとする母性原理の子育てが横行しているのは、子どもに怖い思い、つらい思い、悲しい思いをできるだけさせないようにして育てるのが「いい子育て」なのだとされているからです。

教育学者や教育行政には、教育の場に競争原理を導入し、子どもに挫折感を味あわせると傷つくかもしれない、子どもにできるだけストレスを与えないで育てるのが教育的によいことだ、という根強い考えがあります。不登校や校内暴力、ひきこもりなどの最大の原因は子どもにストレスを与えすぎているからであり、学校がストレスをできるだけ与えないようにすれば、素直なよい子に育つというのが、基本的な考え方のようです。

その一方で、世の中は自由、平等な社会であり、「あなたたちにはあらゆる可能性があるんですよ」と言って、ある種の万能感を植え付けていきます。しかし、子どもたちが学校を卒業して社会に出ると、そうはなっていません。どうしても想いがかなわない現実があり、競争もしなければなりません。子どもたちの中にはそのギャップにとまどい、挫折する場合もあるでしょう。フリーターになったり、パラサイトシングルになったりするしか社会に適応できなくなっている理由の一つが、そうした嘘《うそ》にあると思います。

私には、今の学校教育は在学期間のことだけを考え、子どもたちが社会に出た時にどういった人間になるかについては考えようともしていないし、責任をとろうとしていないように見えます。だから、校内暴力があるからとストレスを除去し、在学中だけ平和におさめようとしているのではないか、と思うのです。

また、日本の保育士さんに「子どもに求められる資質は何だと思いますか?」と尋ねると、答えはおおよそ二つに絞《しぼ》られます。一つは、思いやりがあること、他人の気持ちがわかること。二つ目はやさしいこと。つまり、日本ではやさしくて他人の気持ちがよくわかる子どもがいいというわけです。

同じ質問をアメリカで行うと、「self-esteem」(自尊心、自尊感情)が大事であるという答えが返ってきます。自分が何を求めているかということが非常に大事になるというわけです。

日本では他人の目を自分の中に取り込み、その他人の期待に添って行動するのがいい子なのだという意識が強いと言えそうです。こうした日本の保育のあり方も、母性的な社会のあり方に大きな影響を及ぼしていると思われます。

父親の背中を見ても子どもは育たない

最近の父親は、かつてとは比べものにならないほど熱心に養育に関わるようになったと言われています。実際に幼稚園や保育園などの行事には、ほとんどの父親が参加するようになっています。

しかし、その内容はといえば、初めての子育てに当惑したり自らの仕事に忙しい母親を助けるという形で、母性の実行を分担しているにすぎないのではないでしょうか。妻が夫に求めることも、そうした意味での子どもへの母性的なつきあいであり、父性を発揮して欲しいと思っていない場合が多いようです。それでは、家庭に二つの母性が存在するということになりかねません。そうした状況は、子どもにとって、母親が一人の時よりもさらに「安全地帯」から闇の世界に出るのをためらわせる要因になる可能性があります。

父親的な要素が子どもの社会化には大切だというのは、ただやみくもに父親が母親とともに子育てにはげむことを意味するのではありません。それでは、父親が「もう一人の母親」として子育てに関わるだけになりかねないからです。

また、「うちのパパは子どもと一緒にいる時間も長く、よくつきあっています」と言う母親がいますが、よく聞いてみると、休みの日に子どもと一緒にコンピューターゲームをしているだけといった父親も多いものです。そうした子どもとの遊びは、単に自分の暇つぶしに子どもをだしにしているにすぎません。

全国200校の小学5年生3000名に、父と子の関係について詳細なアンケートを行ったところ、父と子の会話の量が多いほど子どもは父親の仕事や日常生活について詳しい知識を持ち、その上で好意的に評価し、自分自身も将来は父のようになってもよいとする傾向が高いことがわかりました（1991年、深谷昌志氏の調査による）。

子どもと一緒の時間をすごしたり、幼稚園や保育園、学校の行事に参加することは親として大切な役目です。しかし、そうしたことは家庭的な安心感をもたらしても、ほとんどの場合、母性的な機能を発揮しているにすぎません。子どもが社会化を目指して「自然」の中に乗り出して行くには、親がそこに出かけていく姿を子どもにさらさなければなりません。それが父性的な機能です。しかし、直接にそうした姿を見せることが難しいのであれば、次善の策として語って聞かせることが重要なのです。

かつては「子どもは父親の背中を見て育つ」と言われたように、父親は、自分の行いをわが子が自主的になぞり始めるのを待つ、という姿勢を美徳としていました。昔のように家業が商業や農業で、父親の働いている姿を子どもが日常的に見るという状況であれば、父親は特に何もしなくても子どもは（自分の父親はこうなんだな）と理解したかもしれません。が、職場と家庭が完全に分離している現代の父親の場合には、そうしたことはありえないことを知る必要があります。子どもは日曜日にテレビを見たり、ゲームにいそしんでいる父親の背中しか見る機会がないのですから、「背中を見て育つ」は通用しないという意識を持って、コミュニケーションをとらなければならないのです。

父性だけができること

母性化したこの社会の中で、父性を発揮するとは具体的にはどういうことなのでしょうか？

フリーターやパラサイトシングルという形でしか社会に適応できない人々は、まじめに自分の将来や人生設計を考えた時には不安な部分が非常に大きいわけです。にもかかわらず気楽に暮らしているのは、経済的な側面に関して将来の展望をまじめに考えようとしないからだと私は思います。理屈ではわかっていても、将来どうなるのかという身体的な実感が伴っていないのです。その原因は経済感覚が成熟していないからだと思います。人間の自立には経済観念の成熟が不可欠であり、経済観念を培《つちか》うには子ども時代からのしつけが大事です。そして、それがまさに父性の非常に大事な役割なのです。

最近、小遣いを月単位で決めるのではなく、子どもが欲しいと言った時に必要に応じて与える親が増えています。しかしながら、それでは子どもの経済観念を培うことはできません。少なくとも子どもが小学校に入ったならば、一か月にいくらという金額を決め、その範囲内で子ども自身がやりくりするしつけをしなければなりません。翌月までまだ日があっても、使い切ってしまったらそれ以上はもらえないという約束をすることで、社会的な規範を教えていくわけです。あるいは、テレビゲームにしても「毎日してもいいけれど時間は1時間で、必ず宿題をしてからだよ」という約束をして、それは必ず守らせる。そして、その約束をやぶったならば人間としての信用を失うんだよ、ということを教えていくわけです。つまり、一人の人間として信用を得るような行動をしなければいけないということを教えればいいわけですから、決して難しいことではないはずです。逆に言えば、理屈をいくら言ってもなんにもなりません。日頃の中で約束して実際にやる、ということだと思います。

これらは一例ですが、こうしたことをきちんと行うことが父性の役目です。決して頭ごなしに子どもを叱るとか、厳格《げんかく》であるとか、権威《けんい》があるとか、いかめしい父親であるということではありません。

また、親が働いた結果お金を得て、家族みんなが生活しているのだということを、子どもに小さい時から実感させることも大事なことです。その意味で、共働きは積極的に奨励されるべきですが、父親と母親が交代で子育てをすることが増えるために、二人の母性が生まれてしまい、父性がほとんどないという状況に陥《おちい》りやすいという点は注意すべきでしょう。子育てには母性と父性の両輪が必要だということは、専業主婦の家庭でも共働きの家庭でも変わりません。ただ、共働きの場合はそこが曖昧《あいまい》になる可能性がありますので、より意識する必要があると思います。

「安全基地」にいる子どもがショックを受ける危機があっても外の世界に導き、適度なストレスによって「生の要求」がパワーを発揮できる方向性を与えるためには、子どもを見守り、必要があれば手をさしのべ、「自然」へと踏み出す手助けをしてやる、それは、より成長しようとする子どもに対して父性だけができることです。

（出典：「子どもたちの幸せな未来①共働きの子育て、父親の子育て」）

父性的なものと母性的なもの

佐々木正美（児童精神科医）

親の役割は子どもが自然に決める

子どもをよく見ていると、お母さんにしてもらいたいことと、お父さんにしてもらいたいことを子どもなりに分けているように思います。

たとえば、母親と父親のどちらとお風呂に入ってもいい時に、この子は昼間ちょっとつらいことがあったなと思う時には、「ママと入りたい」と母親を誘います。そして、風呂に入って遊ぼうと思っている時や、ややパワフルな時には「お父さんと入りたい」と言います。

夜、寝ようという時にも、昼間ちょっとつらいことがあったりすると母親に慰《なぐさ》められて休みたいという感情を持ちます。小さな子どもならベッドサイドにいて欲しいとか、添い寝をして欲しいという気持ちを持ったりします。しかし、父親にはそうした感情は持たないことが多いようです。

子どもが母性に何を期待し、父性に何を期待しているかという定義はできなくても、子どもは自然とお母さんにはこんなことをしてもらいたい、お父さんにはこういうことをしてもらいたいという役割を微妙に、あるいは明確に期待しているのでしょう。これは重要なことだと思います。

母性と父性について一言で言うと、母性的なことは子どもの言うことをよく聞いてあげること、子どもの希望を受け入れてあげることです。そして、父性的なことはこちらの言うことを相手に聞いてもらう、あるいは聞かせるということです。こうしてはいけない、こうしなければいけないという、ある意味でのしつけです。

堅苦しく母性、父性を定義することはないと思いますが、父親も母親も子どもが望んでいることはどういうことかということを感じ、それに応えてあげる。そうすると子ども自身が父親にはこうして欲しい、母親にはこうして欲しいと選びます。その選び方の違いが母性と父性だということです。

子どもが親に対して、そうした役割分けを自然にするようになり、親がその役割を無理なく自然にやれるために一番大切なのは、夫婦がお互いにお互いを大切にしあっていることです。大げさにいうと、互いに尊重し合っている、共感し合っていることです。お互いがそう認識し合っている時は子どもの希望や欲求に、自然に、上手に、微妙にあるいは大いに、それぞれの役割ができていきます。

夫婦がうまくいかない時

私はカウンセリングや相談会、保護者や保育者の勉強会によく行きますが、そこでしみじみ思うのは、夫婦がお互いにお互いを共感し合っていない、あるいは尊重し合っていない、納得し合っていない場合は、うまくいっていないことが多いということです。

夫が妻に、妻が夫に不満が大きければ大きいほど、そのはけ口は生活全般に向かいます。当然、育児にも向かいます。親は自らの感情を子どもへの要求や期待としてぶつけることが多くなり、子どもは親に対するある種の信頼感を損《そこ》なっていきます。そうなればなるほど、子どもは親の期待通りの行動をとりにくくなっていき、屈折します。そして、父親が子どもに何を要求しているか、母親は何を要求しているかということがだんだん見えなくなり、さらに親は要求を強く押しつける形になってしまいます。

私は、育児の原則はまず子どもの要求に応えてあげることで、親の教育観や育児姿勢はその上にくるものだと思っています。ですから、子どもの要求に基本的なところで応えられていない時には、親の希望や育児理念、哲学や方針は子どもに伝わりません。それなのに、親は自分の要求を子どもにするので、余計にいらだつことになってしまうのです。

ところが、本当に不思議なことですが、夫婦がお互いにお互いを尊重し合い、共感し合っていると、子どもの要望に上手に添った育児ができるのです。その添い方も、夫婦が役割の分担を決めるのではなく、子どもの期待に添っていくと自然にお母さんはお母さんらしく、お父さんはお父さんらしく、それぞれの個性や能力や素質のままに微妙に「母性的」「父性的」と呼びたいものが表現されてくるのです。母性と父性の役割分担は親が決めるだけでなく、子どもも決めてくるところがあります。それに無理なく応えられるのが私は一番いいと思います。

人づきあいが苦手だと、子どもともうまくいかない

よい親子関係を考える場合には、もう一つ、育児、親子関係は親自身のいろいろな人間関係の総和が子どもに向かうという面も考えてみるとよいと思います。

私たちは普通、近隣とのつきあいや、自分の両親や兄弟姉妹、配偶者の両親や兄弟姉妹とのつきあい、仕事上の知人や学生時代の友人といった、いろいろな人間関係を持ってい

ます。そうした人間関係の中で、波長の合う人と濃厚なつきあいをし、合わない人とはほどほどに、しかし相手の尊厳を害さない程度のつきあいをするという取捨選択をしながら、日々生きています。私たちはそうした人間関係を通して、人間関係の調和の仕方を学びます。そして、そういう経験を通していつの間にか修練された人間関係の調和の仕方が、幼いわが子との関係にも向けられるのです。

そして、その取捨選択が一定の量なければ、私たちは人と調和して生きる生き方が自分の中に備えられません。それは大人との関係においてもそうですし、赤ちゃんであってもそうなのです。

たとえば、人間関係がほとんどない状態で育児をしている人は、人間関係が不器用なだけでなく、親子関係も難しいことが多いものです。近隣とも関係がない、実家ともあまり交際しない、勤めにも出ていない、自分だけでアパートやマンションにいる。そういった状態で子どもにうまく対応できている親はまずいないと思います。

さらにいえば、子どもとの関係は、親が成長する過程で人と調和することの喜びを経験しているかどうかが大切になります。いろいろな人間との関係のおもしろさ、楽しさ、くつろぎの体験、つまり人間関係の中の居心地のよさをいくつも体験していないと、子どもと一緒にいることが居心地良くならない、子どもといることを幸福に感じられません。それは「子どもを愛せない」という言葉の裏返しです。

わが子といることが幸福に思える、そこにくつろぎを見いだせるには、育児をしている親が、そういう経験をほかの人との関係において持っていることが必要なのです。自分が幼少期からどういう人とどんな人間関係を持ちながら生きてきたかということの続きが、自分と自分の子どもとの関係です。

子どもは、どんなことがあっても自分と一緒にいることが幸せだと思ってくれる人に育てられたがっています。自分と一緒にいることが幸福だと感じてくれる人が、自分を育ててくれることがうれしいのです。親であろうとなかろうと、そういうふうに思ってくれている何人もの人に育てられるのが子どもにとっては一番いいことです。

居心地いい体験を持っていると素敵な親子になれる

私が最近、もっとも憂《うれ》えているのは、子どもといることに幸福に感じられない人が増えてきていることです。それは、自分の成長過程において、人間関係の喜びやつらさを味わっていない人が増えてきているということだとも言えます。そういう人がだんだん増えてきたのは、日本人全体の傾向として、人間関係を避けて一人で楽しむ傾向が強くなってきたことがあると思います。

別の言い方をすれば、自分の親や祖父母、学校の友達や先生も含めて、自分と一緒にいることを幸福に感じてくれた人があまりいなかったということです。

そういう場合でも、夫婦の仲が本当に良ければ大いに救われますが、しかしまた、夫婦の仲の良さだけでは足りないのも事実です。夫婦だけの関係はいずれ薄らいでいきます。よほど強い絆《きずな》があったり、夫婦が互いに深い関係であれば破綻《はたん》は小さいと思いますが、それだけではやはり難しいのです。

親子関係はいろいろな人間関係の応用編ですから、人と調和する体験が持てなかったという人は、自分がそうであったことを自覚し、子どもに向かい合うのと同時に、昔の友人や新しい友人を作ることや、新しい人間関係を作っていくことを考えていくようにした方がいいでしょう。

どうしてもそれを求められない人は、結局はカウンセラーや育児支援者を必要とすることになるわけですが、育児支援は子どもを引き取って面倒をみたりしますが、結局は親の支援です。より重要なのは、預けに来たお母さんやお父さんを支援することです。家事の手伝いをしにいくわけではなく、その人と共感できる交わりをする、この人なら心を割って話ができる、いろいろおしゃべりができるという人間関係を作ることです。単純に言えば、相手が愚痴《ぐち》と自慢話ができるような関係が持てたら育児支援はそれでいいのです。心を開いたということだからです。

「よい子育て」をするためには、あなた自身のくつろいだ、心地よい人間関係が、親子の関係のほかにも必要です。それはまず夫婦の関係であり、友人との関係と考えていくといいでしょう。私は、幼稚園や保育園に子どもが入ったら、そこに通わせているほかの保護者で気心が合いそうな人とは親しくすることをお勧めしています。

どちらかの実家の両親や自分たちの兄弟の家、近隣など、夫婦以外にも親しい人がいるということ、ある意味では家族ぐるみでおつきあいがくつろいでできる、そういう力——私はあえてこれを「力」と呼びたいのですが——を持っている人は、育児をする力が大きな人です。

そういうことが、すっとできる人となかなかできない人がいますが、近隣の人と顔を合わせたら自然に声を掛け合うとか、立ち話ができる、お茶でも飲みに行きあったりするように、いろいろな人との関係が広がっていく人は育児が上手です。自分の話を他人と分かち合える人は、子どもの気持ちを自然に組み取れる人になっていきます。

短くても上手に親子で過ごす時間を持とう

アメリカのハリー・スタック・サリヴァンという精神科医は「人間一人一人の存在の意

味や価値は人間関係の中にある、あるいは人間関係の中にしかない」と断定しました。これは実に意味深い言葉だと思います。

人との関係を持つことは、他者を肯定しながら他者に肯定されることです。お互いに相互に尊重し合う、肯定し合うのが人間関係です。人間は自分で自分を単純に自己肯定できなくて、他者からの肯定のされ方によって自己肯定感、自尊《じそん》感情が育つのです。家庭に閉じこもっている人は人間関係がないわけですから、そこが最大の問題なのです。

私は保育園の保育士との勉強会を毎週に2〜3回、ずっと続けていますが、いかにいまの子どもたちが不安定になっているか、家庭の中の育てられ方の質が低下してきたかを実感します。それは外に働きに行く人が増えたから質が落ちたということではなく、私たちが人間関係を粗末にするようになったから質が落ちたのです。

最近の子どもたちは幼稚園や保育園に来ると保育者を奪い合っています。自分一人の保育者になって欲しいのです。子どもたちが家庭の中で「自分だけのお母さん」「自分だけのお父さん」という実感を持てていないからです。

しかし、私は親が毎日長時間、子どもの面倒をみなくてはならないとは思いません。親子で過ごす時間の長さに関わりなく、質が悪ければ、子どもは保育士との一対一の関係を強烈に求めます。そういう子どもが増えているのです。

子どもと長時間いることよりは、子どもを夕方引き取って、お風呂に入れてご飯を食べさせて寝かしつける、その時間を大切に過ごしていれば、子どもは翌日また幼稚園や保育園に預けられても「私のお母さん、私のお父さんはこういう人なんだ」という深い安心感が持てるはずです。

人間の精神衛生は人間関係の質と量によって決まります。外で働いている人は家に閉じこもっている人よりもはるかに人間関係の機会が多いわけですから、それがその人の精神衛生をよくしているということはあると思います。でも、外に出ていても、休日はできれば近隣の人や、子どもが行っている幼稚園や保育園のほかの保護者との人間関係を大切にしなければ、自分を大切にできないし、自分と子どもとも関係も大切にはできません。親が個人として自分の友人、会社の同僚、近隣の人たちとの関係を大切にしているかどうかが、子どもとの関係の質を決めるのです。

人間関係において、共働きは専業主婦よりはましだと思っていると、その犠牲は子どもが負《お》ってしまうことになりかねません。また、専業主婦だからといって、すぐに人間関係の質と量が不足するとは言えません。

子どもがうまく育てられているかどうかは、両親が共働きをしているから、あるいは専業主婦だからではなく、人間関係の量が不足しているどうかの方がはるかに問題です。

親にノーと言えない子どもがいる

私は、人間には「えこひいき」をされて力強くなっていく面があると考えています。恋愛をしている時は誰でも、相手をすごくひいきしています。長所だけを見たり、短所さえも長所だと思ってしまい、後からどうしてあんなふうに見えたんだろうと思ったりするわけです。顔も見たくないと思う人にどうしてあんなに夢中になれたんだろうと思うことが人間にはあります。

夫婦がうまくいっている時は、お互いに「えこひいき」をしあっているわけです。人はいつも誰かに「えこひいき」されているということで健全でいられる面があるのです。家庭がくつろいでいられるのは、そこが自分を「えこひいき」してくれる場所だからかもしれません。子どもにはそういう「えこひいき観」をずっと持ってあげて欲しいと思います。

2004年6月1日、長崎県佐世保市で少女が同級生の少女を殺すという事件がありました。2日後の6月3日に児童相談所を通じて、加害児の保護者のコメントが出ました。

「あの子は問題なく育った子でした。がんばりやで忍耐強い子でした。学業成績もよかったんです。ただ優柔不断な子どもに見えました。ノーと言えない内向的な子に見えました」。

これは私には忘れられない言葉です。親にノーと言えない子どもとは何でしょうか。親が聞く姿勢がなかったからでしょう。あるいは親がノーと言いたくなるようなことを子どもが言ったり、やったりしたら、とても不快な顔をしたか、叱ったことがあったのでしょう。

親にノーと言えない子どもは、どこでノーと言えばいいのでしょうか。結果として、子どもは自分で自分を否定しなければなりません。人間は自己肯定観のある人は他者も肯定しやすい、自己肯定観のない人ほど、他者を否定するものです。

自分が肯定されながら育つということは、「あなたはどうして欲しいのだ」ということを問いかけられながら育つことです。それによって子どもの中にもっとも自己肯定観を生みやすくなります。他者との交わりの一番大きな意味は、自分を肯定することです。それは他者を肯定しながら育てられることであり、それが子どもに自己肯定観を与えるのです。自己肯定観がない人は他人を肯定しませんし、社会のルールを肯定できるはずもありません。

自己肯定観を育てる基本は「子どもの言うことをよく聞いてあげること、子どもの希望を受けれてあげること」だと思います。そして、その役割を第一に担《にな》うのはお母さんです。

けれどそれをお母さんができるには、お母さん自身が夫から肯定されているという強い自信、信頼感を持っていなければなりません。

子どもの言うことを「よく聞いて」「受け入れてあげる」と言うと、甘やかしのように誤解する人もいるかもしれませんが、そうではありません。抱っこしたいといえば、抱っこしてあげる。お風呂に入って遊びをしたければちょっとしてあげる。それによって、ちょっとくらい時間がのびてもいいんだというくらいの気持ちでいてあげる。その時その時に子どもが本当に望んでいることを聞き入れてあげるということです。

理想的な母親ではなくても、まあまあいいお母さんであるには、夫の協力がなければなりません。お母さんがもしも母性性をゆっくり十分に発揮できないとしたら、それはお父さんの責任です。そこにお父さんの味わいがあるわけです。私は家庭の基本はそういうことだと思っています。何をどれだけ分担するとか、おむつの交換とか、お風呂に入れるとかどうかというのは枝葉末節なことにすぎません。

（出典：「子どもたちの幸せな未来①共働きの子育て、父親の子育て」）

第6章

未来のために 親として大人として

まわりの親に気をつかいすぎてつらくなっているあなたへ

やさしい閉塞感を超えて
――ストレスを解消するために

岩川直樹（埼玉大学教育学部教授）

「〇〇〇力」というストレス

しばらく前から、雑誌や本のタイトルに「〇〇〇力」という言葉をよく見かけるようになりました。人間力、日本語力、子供力、大人力、あるいは、男力、大学力などという言い方もあります。こうした背景には、個人や社会で起こっているさまざまな問題を、新たな「〇〇〇力」をつけることによって、つまり個人や組織の能力を高めることで解決しようという考え方があると思います。

また、「勝ち組」「負け組」という言い方も広く使われるようになってきました。そこには、いろいろな分野で競争と効率のシステムを強くしていくことによって全体が活性化し、よくなるのだという発想があるようです。

要するに、現実に起こっている問題を解決するための手段を、子どもの能力や母親や父親の能力、教師の能力といった個人の能力に還元していき、その上で競争させ、だめならはじいて対処しようというわけです。しかし、実はそのこと自体が「ストレス」になっているのではないでしょうか。

本当は、いろいろなつながりや関係が失われたり、きしんだりしているからこそ生まれている問題であるにもかかわらず、そちらには目をやらずに、個人の力の問題に還元していくことで、見えなくなっている問題が多いのではないかと私には思えるのです。

個人の能力からつながりへ

私はいま、これだけは「○○○力」といって欲しくない言葉として「ケア」という言葉を挙げています。なぜなら、「ケア」には、基本的に「ケアし、ケアされる」関係しかないからです。自分をケアするポイントを身につけ、自分のケア力を高めるという発想もなくはないかもしれません。ケアするための技術もスキル（技能）もあるでしょう。しかし私は、ケアを個人の能力と考えるのではなく、つながりや関係の中で考えなければ、その本質は見失われてしまうと思います。そこでケアを「誰かにケアされる」「自分で自分をケアする」「誰かをケアする」という三つのケアの関係によって考えています（下図参照）。

自分の中のごちゃごちゃした感情を誰かに聞いてもらったり、一緒の時間を過ごすというように、誰かにケアされたことで自分自身の気持ちを受け止め、ちょっとそこから自由になることができたという経験は誰でもしたことがあるでしょう。つまり、誰かにケアされて初めて自分をケアできるわけです。

そして、自分の気持ちと向き合えるようになって落ち着いてくると、まわりが見えてきて、誰かが普段とちょっと違って元気がないと思えば、「どうしたの？」と声をかけ、他人をケアすることができるようになります。

さらに、他人をケアする気持ちよさを経験することで、自分が困った時にも誰かに「ちょっと話を聞いて」と言えるようになるでしょう。このように、三つのケアは相互に関係し、循環しています。

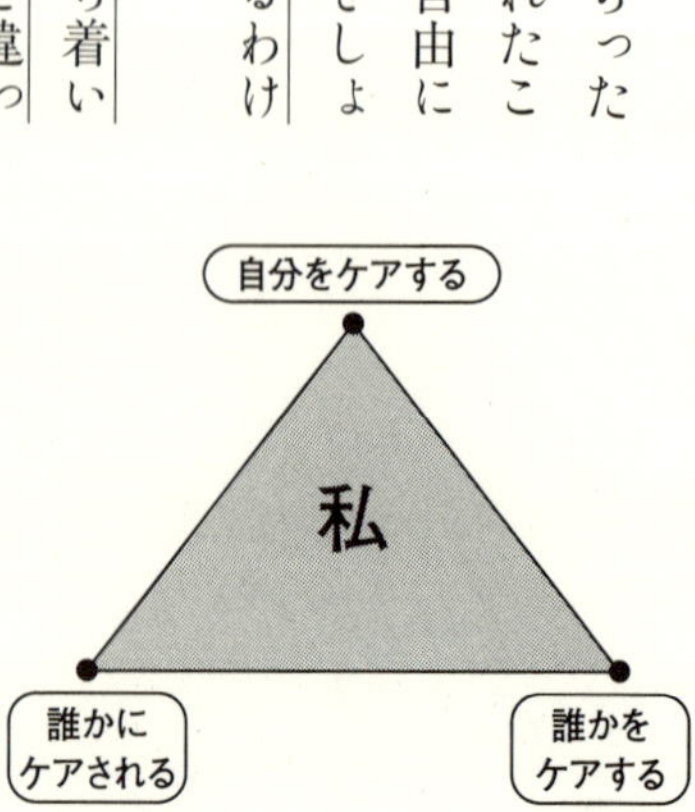

ある学級崩壊の実例

反対のケース——誰にもケアされていない状況を考えてみます。

小学校2年生のA君は、自分で自分の気持ちをケアできない子です。何か気に入らないことがあるとすぐに暴力をふるいます。ドッジボールで負けたら「あいつのせいだ」と、その子に突進し、10分でも20分でも暴力を続けてしまいます。制止しても、手を離すとまた向かっていきます。A君は誰からも疎《うと》んじられ、誰からもケアされることがありません。

A君のように我慢ができなかったり、自分で自分をコントロールできないキレやすい子どもたちは、いま、いたるところで見られます。こうした子どもたちを「ストレスがたまっているから」ととらえ、そのストレスを発散することだけで何かが変わるとは、私には思えません。あるいは、そうした子どもに自分の感情をコントロールする技法を教えたところで、それで問題が解決するとも思えないのです。

大切なのは、日常生活におけるその子をめぐるいろいろな関係の中のどこかの局面に、「ケアし、ケアされる」ような関係を作っていくことだと思います。

話を戻すと、A君は先生にもいつも暴力をふるっていて、先生にもアザができるような状況でした。当然、そのクラスはうまくいかなくなり、学級崩壊が起こります。その時に、この学校の校長先生がこのクラスで起こっている問題をはっきりとお母さんたちに話しました。そして「担任教師の指導力不足で学級がうまくいかないという問題は確かにあります。しかし、子どもが教師に暴力をふるうことがあってはなりません」と語ったのです。このことがきっかけになり、A君のクラスメイトのお母さんたちは、時間が空いている時にときどき教室に行くようになりました。

ある日、A君がまたも先生に突進していきました。ちょうど教室に来ていたあるお母さんが、A君を後ろから抱えて「だめよ、先生を殴《なぐ》っちゃ!」と言ったのだそうです。すると、A君は抱えられたまま声をあげずに泣き出しました。小学校2年生の子どもが、声をあげないで、体だけガタガタふるわせながら泣いたのです。その子を抱えているお母さんも泣いたそうです。そういうことを繰り返しながら、そのクラスは学級崩壊を乗り越えていきました。

教室にA君のような子どもが1人いるだけでも大変ですが、2人いたらかなり難しいことになります。もしも3人になれば学級崩壊しない方がおかしいと思います。その状況をすべて教師の能力の問題に還元してしまっても、たぶん解決できないでしょう。

このクラスでは、A君と担任の教師、クラスメイトのお母さんたちと校長先生、A君とお母さんたち……、それぞれがつながりながら問題と向き合い、「ケアし、ケアされる」

関係を幾重にも作っていったのです。これは、現在の非常に難しい教育現場の実例ですが、私はこうした教室に希望を見るのです。

個人の能力もスキルも大事ですが、問題を関係として見ることも大事です。それはちょうど右目と左目の二つの目があってはじめて物事の奥行きが摑《つか》めるようなものだと思います。

相手の言うことをただ聴くことの大切さ

子育てに悩むお母さんで言えば、たとえば講演会に行き「子育てはこうやるとうまくいきますよ」という技術的な講習を受けたことで、子育てのストレスが改善されることは少ないのではないでしょうか。それよりも私は、お母さん同士が語り合う場を作ることに可能性を感じています。

私が関わっているある会では、お母さんたちが集まって子どものことや近所のお母さんのこと、夫や家族のことを話しています。その時のポイントは、相手の言っていることに途中で口を挟《はさ》まない、相手の言ったことを評価したり、助言もしないことです。「それはおかしいんじゃないの!?」と誰かが言えば、もう話せなくなってしまいます。

助言は、裏を返せば「あなたはこういうところが問題なのよ」ということになりかねません。それよりも誰かが話したいことを聴くこと、誰かが差し出したものを受け取ることを大事にします。何も助言をしなくても、黙っていても、一緒の想いでその場にいて、息づかいや表情から自分の話が相手の中に響いていることがなんとなく感じられる、そのことが大事なのです。それは、話を聴き、差し出し、受け取り、ケアし、ケアされる関係が成り立つことです。そして、そのことによって、お母さんたちは確かに元気になっていきます。

そうやって、お母さんがちょっと変わっていく、たとえばイライラが少なくなっていくと子どもは落ち着きます。お母さんが落ち着くと子どもはそれだけでもう変わっていくものです。

こうした実践からわかるのは、他人の眼差《まなざ》しを気にしすぎたり、子どものためにはこうしなければいけない、ああしなければいけないということでいっぱいになって、私はこう感じているとか、こう思っていると言える場がなかったり、それを受け止めてくれる関係がないことが問題なのではないかということです。

一般論や建前ではなく、自分自身がどう感じ、どう考え、どう思っているかということを差し出し、受け止められる場ができる、そうした互いに響き合う場があれば、ある程度のストレスはほどよい緊張感になるでしょう。ケアし、ケアされる関係がなく、響き合っている場がない時は、同じプレッシャーや緊張感でもひどくつらいものになりますし、ちょっとしたストレスが大きなダメージを与えることになるのだと思います。

公園でいつも会って立ち話をしている人が、(何か話したそうだな)と思ったら、場所をちょっと移して、話を聴くことから始めることはできないでしょうか。

ストレスを減らす方向も大事なのかもしれませんが、悪いものを排除していこうという方向では解決できないことが多いように思われてなりません。子どもがストレスを感じている時に、そのストレスを取り除いてあげようと考えるのではなく、その子と向き合う、つまり、それまでの関係を少し変えてみようとすることの方に、私は可能性を感じます。ストレスをなくすというと、なるべく楽にさせるといったイメージがわきます。そのことを全面的に否定はしませんが、ストレスをなくすことに熱心なあまり、子どもと向き合うことの意味が見えなくなっていないでしょうか。

お互いに気を使いすぎている親たちのストレス

ところで、新しい関係を作ると言っても、それ以前に、多くの方はお母さん同士の関係や幼稚園や学校の先生との関係をどう作るか、あるいは近所の人たちとどうつきあったらよいのかに頭を悩ませていないでしょうか。現代では大人も子どもも他人との関係を作るのが大変苦手です。

それにはいろいろな要因があると思いますが、一つは誰もが他人の眼差《まなざ》しを気にする体になっていることがあると思います。現代人は関係が希薄だといわれますが、実はお互いにものすごく気を使っています。その気の使い方は、相手のことを思っているというよりも、（こう言うとどうなるだろう）（こうするとどうなるだろう）と頭の中で考え、予防線を張ったり、心配することとです。自分の意見をはっきり言おうと思ったり、きっぱり行動しようと思っても、もしもそのことでわが子がいやな思いをするようなことになりはしないかと、踏み出すことができないのかもしれません。

まわりのお母さんが自分の子どもや自分をどう見るかということを非常に気にしていますから、子どももずいぶん小さい時からまわりの目に敏感になります。

最近の若い学生が教師になるのを躊躇《ちゅうちょ》することの一つに「叱れない」ということがあります。「自分は人を叱れるほどの人間ではない」など、いろいろなことを言いますが、では、そうした学生たちが慈愛《じあい》に満ちた教師になるかというと、そんなことはありません。

そうした教師は、最初は「やさしさ」を発揮します。ところが、そうして作られていく教室は、間違いなくストレスに満ちた教室――やさしい閉塞感《へいそくかん》のある教室になっていくのです。当然、子どもたちは悪態をついたり、自分勝手なことを始めます。そしてある時、

「やさしかった教師」が突然キレて、子どもたちを感情的にきつく叱りつけてしまうのです。こういったことは、親にもあるのではないかと思います。これは何なのでしょうか？

やさしいけれど、どこかで何かをごまかした空間は、実はとてもストレスに満ちた空間です。学校だけでなく、家族であっても、地域社会であっても、国全体であってもそれは同じです。

自分だけでは解決できないことがある

相手や自分、子どもを楽にさせようという気持ちややさしさが、いつしかなあなあになり、相手と向き合わなくなり、いろいろなことをオープンにしなくなり、お互いに気にしているのに黙っているような関係が生まれていきます。それは楽なようでいて、大変なストレスではないかと思います。

現代のストレスは、何かイヤなことがあるというより、イヤなことがあることを言えないし、イヤなことがないかのように振る舞わなければならないことではないでしょうか。だとすれば、イヤなことそのものは取り除けなかったとしても、イヤなことをオープンにできる場や、分かち合える関係があれば、ストレスの意味が変わってくると思います。

自分にとってできることは何かと考える時に、自分の中で解決するための技術ばかりを学ぶのではなく、いまある生活空間と違う場所とつながってみる、違う人と会うようにしてみる。もしも自分が少しでも変われるとしたら、そうしたことがきっかけになるのだろうと思います。自分自身の力だけでどうしたら解決できるのかという方向ばかりでなく、場を通して、つまり関係を通して変わっていくしかないのだろうと思います。

（出典：「子どもたちの幸せな未来を考える⑤見えていますか？　子どものストレス、親のストレス」）

「思い出作り」に熱心なあなたへ

「今」を生きる大人たちへ

五月女清以智《さおとめせいいち》（栃木県「株式会社はるこま屋」代表取締役）

1999年、夏

「ご家族の方、ちょっと……」。テレビドラマなどでよくあるシーンが、ある日自分の現実のものとなった。なにかの間違いじゃないか……。その言葉と、その言葉の意味することを理解するためには、しばしの時間が必要だった。そして、その宣告を機に、我が家の状況は一変した。余命3か月、処置なし……それが姉の病状の、見解だった。春休み、子どもたちを連れて帰省していた時、体調が思わしくなく、診《み》てもらった病院でのことだった。助けられない、諦《あきら》めてくれ、ということだ。理解できなかった。まして、幼い子どもたちを残して、誰が諦められようか。その日から、姉を助けるため、治療に専念させるため、3人の子どもたちを転校させて我が家で預かり、家族総がかりでの闘病生活が始まった。それこそ、血眼《ちまなこ》になって全国の病院を探しまわった。奇跡を起こしてくれそうなものがあれば、何にでもしがみついてみた。しかし、姉を助けてくれる、という病院はどこにもなかった。そして、姉も、勝てなかった。1999年、夏のことだった。

当時、姉の子どもたちは男の子が3人。小学5年生を筆頭に、3年生、幼稚園年長組という、まさに育ちざかりだった。子どもたちの生活環境なども考慮し、子どもたちをこのままお願いしたい、という義兄の希望で、子どもたちをそのまま預かることにした。それまで我が家は私たち夫婦と両親の4人暮らし。そこに元気な男の子が3人参戦してきたことで、我が家は一気ににぎやかになり、活気に満ちてきた。落ち込んでいるひまはない。ともすれば後悔《こうかい》の念や寂しさに押し潰《つぶ》されそうになりがちなところを、子どもたちの無邪気なエネルギーが救ってくれた。彼らが元気でいてくれることが、何より救いだった。

ただのおじさんから、親代わりの存在へ……。私の立場も大きく変わった。責任も変わった。悩む余裕もないほどに、日々は慌《あわただ》しく過ぎて行く。

人間の勘違い

実家に戻ってくる前、私は東京で雑誌の編集に携《たずさ》わる仕事をしていた。もう時効だろうが、一度だけ、姉にその仕事を手伝ってもらったことがある。動物番組をまとめた単行本の原稿が間に合わず、姉にも手伝ってもらった。

当時、家庭用のビデオはまだあまり普及しておらず（ビデオどころか私にはテレビさえなかった）、近所の後輩からテレビと大きなビデオデッキを借りてきて、ビデオを見ながらの執筆だった。その番組の中で、とても印象に残っているシーンがある。「グルーミング（毛繕《けづくろ》い）」と呼ばれる、母親が子どもたちにしてあげる行為だ。

それは、どの動物でも、種別にかかわらず、行っていた行為だった。子どもにありったけの愛情を注ぐ……それはすべての動物に共通の行為なのだろう。姉が書いてくれた原稿は、すこぶる良かった。その本も原稿も今、手元にないのが残念でならないが、あの時の姉の原稿をイメージしながら私は子どもたちに向き合っている。

動物といえば、昔聞いて、いたく感動したエピソードがある。馬という生き物はとても臆病《おくびょう》なのだそうだ。小さな物音にでも動揺し、影にさえ怯《おび》えることもあるらしい。馬術や競馬が美しいのは、そんな臆病な馬たちと人間とが、信頼関係を築き、まさに人馬一体となってトレーニングを積んだ結晶であるからに違いない。

北海道の牧場でのこと。厩舎《きゅうしゃ》が火災に見舞われ、そこにいた馬たちは驚いて逃げ出した。しかし、その中の一頭が、自分の仔《こ》が厩舎内に取り残されていることに気づき、その炎の海の中に飛び込んで行き、命を落とした、という話だった。ただでさえ臆病な馬、怖かったろうと思う。しかし、我が仔を助けたい一心で炎の海にとびこんでいった姿を思い描くと、そこに生き物としての母親と子どものひとつの典型が見えるような気がする。

人間、というものを考えてみる。すべての生命体の基本的な本能を「種の保存」であるとすれば、人間だけが退化しているような気がしてならない。文明の著《いちじる》しい発達によって「生きる力」が削《そ》がれてしまってはいないかと。「いのちをつなぐ」こと、「子どもを育てる」ことを勘違いしてはいないかと。文明が発達し、知識がついてきたおかげで、種として存続していくために必要不可欠な「子育て」ができなくなってしまっているのではないか、と。

かつて、私は人間は戦争や、放射能、環境破壊などで滅びていくのではないかと考えていたが、この頃は人間は自ら滅びていくのではないか、と思うことがある。

その視線の先に

変則的な家族構成。寂しい時や甘えたい時、つらい時もあるだろう。しかし、妻がよく見ていてくれるおかげで、なんとか乗り切れている。私には、これは男と女の、もって生まれた本能が違うのではないかと思えてならない。あの包容力は、男にはない。子どもが一番安心できる場所。それは母親の胸の中であるに違いない。子どもたちも妻にはよくなついていて、仮に私が彼女に逃げられたとすれば、子どもたちはみんな彼女について行ってしまうのではないかとさえ思うほどだ。情けなくはあるが、ある意味ありがたい。「財布と胃袋を握っている方が強いのよ」と彼女は笑うが、忙しい中、ほとんど料理を手作りし、弁当をせっせと作ってくれる彼女に、子どもたちも安心していられるのだろうと思う。そんな我が家に、電子レンジはない。

私の母も、私が外出する際、おにぎりを作って持たせたがる。私としては外食も楽しみで、ありがた迷惑とさえ思えることもあったのだが、このおにぎりの意味が、最近やっとわかったような気がする。自分の作ったものを食べさせるのが、一番安心なのだろう、ということ。「食べさせる」ということは、「エサを与える」ことでは決してない。

数年前の長野オリンピックの開会式が印象に残っている。見ていて私にはどうも居心地が悪かったのだ。なんでだろう、と思っていたのだが、それは、あのステージに登場したのが、老人と子どもたちばかりだったためだろうと思う。確かに、老人を敬《うやま》い、子どもたちに未来を託すことに、異論などあろうはずがない。

しかし、敢《あ》えて言いたかった。俺たちはどうなのか、と。今、汗して働いている、俺たちの世代はどこにいるのか、と。「未来を作るのは子どもたち」であっても、なんでもかんでも子どもたちに託すのは、どこかおかしい。まずは、大人が、「今」を、しっかりと生きること。そこからしか未来は生まれてこないのではないかと思う。

山に囲まれた小さな田舎町で育った私には、大学に入るまで、自分の生活を「選ぶ」という概念がなかった。狭い選択肢の中で、仕方なく選ばざるを得ない、といった感覚だった。だからこそ、自分で「選んだ」人生を送りたいと思った。縁や運も含めて、能力的にかなわないこともあるが、少なくてもそうありたいと思った。実家に戻ったのも、味噌屋《みそや》になったのも、自分で「選んだ」つもりでいる。

学校の部活動などで、よく「思い出作り」という話が出る。しかし、思い出は、結果として残るものであって、わざわざ作るものではないと思うのだ。「未来の過去」のために、「今」を生きているのではない。そしてまた、「未来」というものが必ずやってくるわけではないことを、姉の死で知った。だからこそ、「今」を大切に生きていたい。

彼らの父親は東京で弁護士をしている。忙しくとびまわる父親を見ながら、子どもたちは別な未来を思い描いている。最近、子どものひとりが「味噌屋になりたい」と口にした。何でだ？　と聞いてみると、彼は「面白そうだから」と答えた。正直、嬉しかった。

しかし、自分もそうであったように、これからまだまだいろんな世界を見て、経験し、成長し、変化していくのだろうと思う。どんどん「面白そう」なものを見つけていって欲しい。その先に味噌屋があるのかどうか、それはどうでもいい。
ただ、自分がやりたいことが見つかり、安心できる人とめぐり合えれば、幸せなのではないか。そのためにも「今」を大切に生きていってもらいたいと願っている。

（出典：「子どもたちの幸せな未来1共働きの子育て、父親の子育て」）

環境などの悪化で未来を悲観しているあなたへ

子どもに伝えられる未来像とは

日野雄策（エコロジー事業コーディネーター）

私が子どもたちに話していること

私の仕事は、お店や、地域の活性化をエコロジーで行うなど、エコロジーとエコノミーの融合をめざす事業のプロデューサーである。仕事がら家を空けることが多く、俗に言う週末パパの典型だ。それだけに、昨今の少年事件のニュースを見るたびに、子どもたちとの会話をもっと大切にしなくてはいけないと思うばかりである。

わが家は静岡県の西伊豆地方のみかん畑に囲まれた地にあり、築150年ほどの古い家に、私の父も含め計6人で暮らしている。家の裏手には畑があり、有機栽培で野菜とみかんを作っている。私が東京からこの地に越してすでに13年。下の二人の子は小学生、上の一人は中学生で、地元の学校に通っている。都会の学校と比べ少人数で良いと思っていたが、昨今の子どもたちによる殺害事件を思うと、もはや学校の規模は関係ないだろう。社会全体に蔓延《まんえん》している心の病が、事件の大きな原因だと私は感じている。

豊かだと言われる日本。物があふれる中で、年間3万人もの自殺者、10万人もの行方不明者、増え続ける少年犯罪 数え切れない幼児虐待が次々に起こる近代民主主義国家。建物はみな立派なのに、反面、貧しい心が増え続ける背景には、経済成長のみを目標とした社会がある。金を稼ぐことがすべての動機となる社会の中で、心がおいてきぼりになるのは当然だろう。

しかし、教育の場では、建前ばかりが教えられる。戦争をしてはいけない、人の物を取ってはいけない、人を傷つけてはいけない、生き物を殺してはいけない、自然を守らないといけない……。そう教えつつも、現実に起こっている問題に対して、どう説明すれば良いのか。金のために行われる破壊や戦争を、この経済社会が認めている限り、子どもたちの心は現実と非現実に遊離しつづけると私は思う。

だが、一挙にはこの社会の問題は解決しない。では、その間、子どもたちの心はさまようしかないのか。いや、そうではない。子どもたちには、夢を実現する力がある。現に私たちがそうであった。良い悪いは別にして、まんがに出てくる近未来都市や携帯電話、パソコン、ロボットなど、その夢に向かって私たちの世代は歩んできたのである。今から思えば、商業的に作られた戦略ではあったが、当時の子どもたちの活力になったことは言うまでもない。

しかし、その夢はもはや過去のものとなり、大人も子どもも、次の未来の方向性を失っている。望むべき未来とは、どんな社会なのか。近未来都市は、近未来農村はどうなるのか。そのことを大人がイメージしないかぎり、子どもたちの持つ未来は終末的なものとなるだろう。それに輪をかけ、最近のアニメには破壊や終末的な物語が多すぎる。これでは、自分もこの社会も壊れてしまえばよい、といった感情が起こるのも当然であろう。

私は、子どもたちにこう話している。人はお金がなくても、食べ物があれば生きていけると。そして、都会の高層ビルに暮らすよりも、自然の中でおいしい空気と水にかこまれ暮らす方が素敵だと。そんな農的暮らしの延長線上に、私は子どもたちへ伝えるべく、近未来の生活を描きつつある。それは、環境を破壊することのない経済活動と、人々の調和がもたらす持続可能な生活である。金のためにいのちを無駄にする経済ではなく、いのちを守るために経済がその役目を担う社会。そんな社会を描き、子どもたちに伝えることが、大人の役目ではないだろうか。

（出典：「子どもたちの幸せな未来を考える⑫年齢別の子育て・育児なるほど知恵袋」）

子どもに安全な場所はないと沈んでいるあなたへ

友達を競争相手から仲間にするために

汐見稔幸（白梅学園大学教授・副学長）

他者を競争相手から仲間に

現代の子どもたちは、他者との間に協力的な関係を作ることがどんどん少なくなっています。誰かと協力して一緒に遊んだり、一緒に悪いことをして一緒に叱られるといった経験を通して、人は「他者がいることはありがたいことだ」と知っていくわけですが、そういった他者との関係が少しずつ減ってきています。

また、おじいちゃんやおばあちゃんの世話をしてすごく喜んでもらえたとか、赤ちゃんの世話をしたらおもしろかったとか、ハンディを持った子どもたちと接して緊張した、というような体験をすることで、他者がリアリティを持って見えてくるのですが、そういった体験をする機会もうんと減っています。他者は私の思うとおりに動くものではないし、私の思うとおりの存在なのではない、それぞれが独自性と尊厳《そんげん》を持った存在なのだ。そうした他者とかかわることはとってもうれしいことであり、自分の内面世界をふくらませることにもなる。そしてそれが、人間が謙虚になっていく時の大きなきっかけになるのだと思います。しかし、現代ではそうした形で他者を発見することが、なかなかできなくなっています。

現代では、他者は競争相手として子どもたちの前に現れることが多くなります。幼稚園でも保育園でも小学校でも、同年齢だけで過ごすことが多くなっていて、そこでの教育は「がんばりなさい」「がんばりなさい」型です。××ちゃんが逆上がりができたからと「すごく上手にできたね」と素直に喜んでいる子どもに「人ができたのを喜んであげられるあなたはすてきね」と言うのではなく、「あなたはできるの?」と聞いて、「××ちゃんができるのなら、あなたもできなくちゃだめじゃない」と言うのが育児や教育の論になっています。いつでも他者との競争なのです。

競争する社会においては他者は邪魔ですし、私にとってどこかでライバルになる存在です。しかし、他者に勝つことで自分が偉いと思うのは傲慢《ごうまん》なことです。

いまの子どもたちの現実では、他者は共感すべき存在であるよりは、競争すべき存在になっています。子どもたちは共感するという喜びを次第に味えなくなっているのです。

ねばり強い営みを

こうした社会では、他者との間の言葉、他者に投げ掛ける言葉、他者から聞いた言葉、そうしたものを表現する時に、その言葉を使うことによって他者が豊かに見えるとか、他者との関係がよりうまく作られるようになるということは、なかなか体験できません。

そうした中で子どもたちは、いくら言葉を使っても他者に届かないというもどかしさを持っているのではないでしょうか。いくら話をしていても常に欲求不満があるために、相手が気にくわなかったらさらに言葉を荒げ、厳しくすることでしか自分の気持ちを納められなくなっている。しかし、いくら言葉を荒げ、厳しくしても、やはり言葉は相手に届かないし、自分の気持ちが納まらない。そういう感じになっているのではないでしょうか。

いま必要なことは、「私の言葉」を作ることではないかと私は思います。教えられた言葉をわかったつもりで使うのではなく、現実の世界を表すのにどういう言い方がいいのかということを丁寧《ていねい》に考え、言葉を作ってみることです。それは絵を描く時に、自分の内面にどういうイメージができているかを思い浮かべ、そのイメージ通りに描いてみようというのと同じことです。そのように、いま自分が話している言い方が本当に自分が感じている通りの言葉なのだろうかと考えていく。そのようにして言葉の力を豊かにしていく必要があると思うのです。

そのためには言葉についての丁寧な教育や、イメージの表現を丁寧にするということを徹底的にやらなければいけないでしょう。漢字をたくさん覚えさせるようなことだけで、言葉の力が豊かになるとはとても思えないからです。

私の娘がテストでひどい点数を取ってきた時に、こう言ったことがあります。

私は「おまえの一番仲のいい友達は何点くらいなのか？」と聞いたのです。すると、その子は娘よりもさらに悪く十数点でした。その時に「おまえはその子に教えてあげているのか？」と聞きました。

親は、自分の子どものことだけを考えて責《せ》めるのではなく、「友達の宿題をやる時に手伝ってあげてるか？　教えてあげてるのか？」「勉強を手伝ってあげない子は友達じゃないよ」と言わなければいけないのだと思います。

また、その娘が中学校に行く時のことです。その中学校は学区内で最も荒れていました。運動会で誰も走っていないし、かつあげもしょっちゅうあって、みんな「行きたくない」と言っていました。なかには他の中学に通うために引っ越す家族もいたほどです。しかし私は娘に「そういう学校は次には必ずよくなるし、そこで学ぶことはむしろ多いんだよ」

と言いました。そういう学校こそが人間を鍛《きた》えてくれる可能性があるからです。

「クラスで荒れている子、つっぱっている子がいたら、その子の味方になってやれるかどうかがお前にとって一番大事なんだ」「仲の良かった友達が少しずつ荒れてくる、つっぱってきた時に、あの子はもう友達じゃないと考えるのか、巻き込まれて同じことをするのか、どっちもだめだ。友達だったら、なぜその子が荒れるのかを聞いて、味方になってあげる、それが人間を鍛えるんだ」と何度も言った覚えがあります。

いまの子どもたちが追い込まれている状況を変えていくのは大変難しいと思いますが、こういったことを丁寧に伝えていくしかないのだと、私は考えています。

（出典：「子どもたちの幸せな未来を考える⑫年齢別の子育て・育児なるほど知恵袋」）

子どもは一人ひとりユニーク

リヒテルズ直子（オランダの教育制度研究家）

閉塞感に満ちた現代社会にあって

私たちが生きている現代社会は閉塞感に満ち満ちています。それは日本に限ったことではありません。今私が暮らしているオランダでもそうです。地球温暖化による気候の変化や環境破壊、社会的不平等に根ざす対立と宗教や民族に結びついたテロリズム、産業グローバリズムの進行に伴う競争の激化や社会的弱者の権利保護の不確実性、論理による政治討論ではなく外見や人気・駆け引きで物事が決まっていく大衆政治の増長……どこから手をつけたらよいのかわからないくらい問題が山積していて、今の時代、私たち大人は、一体どんな幸せな未来を子どもたちに用意してやれるのだろう、と途方に暮れてしまいます。

オランダの学校には中学生が学ぶ「ケア科」という科目があります。保健・家庭科と市民教育が組み合わされたような学科です。その教科書の冒頭にこう書かれています。「すべての人は異なる存在です。別の言い方をすれば、すべての人はユニークだということです。ユニークとはたった一つという意味で、他とは違う、ということです。あなたは他の人とは違う外見を持っているし、あなたは他の人とは違うものを美しいと思います。自分の兄弟や姉妹ですら違います。すべての人は違う存在だ、ということは〈個人〉という言葉を使っても表わされます。〈個人〉とはひとまとまりの全体としてその人だけに固有の性質を持った人、という意味です」

人間にとって幸福とは何なのでしょうか。

〈幸せ〉というのは、ひょっとすると、人から与えられて得られるものではないのかもしれません。自分が自分らしく生きていられること、そして、もう少し欲を言えば、その自分らしい自分が、社会の中に〈場〉を与えられ、他の人のために自分なりに何かできる、また、それを期待されている、と感じられる時、それが人間にとって〈幸せ〉な時だと思います。一人でも多くの子どもが、このようにして社会に自分なりの〈場〉を発見していくこと、それを手助けすることが、私たち大人にできる最大限のことではないでしょうか。

けれどもそれでは、私たちは子どもたちのユニークさをどのようにすれば引き出して育てていくことができるのでしょうか。

先に引いたオランダの「ケア科」の教科書には、自分探しの取り掛《か》かりとして、石鹸《せっけん》にも食べ物にも一人ひとり違った好みがある、として、本当に子どもにとってごく身近なことから、子どもが、自分の意思で選択することを奨《すす》めています。人から押し付けられるのではなく、自分の方から意図的に〈選ぶ〉という行為には、自ずとその選択に対する責任感が伴います。人から反対されればされるほど、それでも敢《あ》えてたった一人で何かを選択する時、なんとしてでもその結果がよいものになるよう人一倍の努力をするものではないでしょうか。人が達成感を感じ、成長できるのは、そんな時ではないかと思います。そういう、子どもの成長や自己発見のチャンスとなる〈選択〉の機会を、私たちは果たして子どもたちに十分与えているでしょうか。

そして私たち大人は、子どもに「選択的に生きよ」という前に、本当に自らの生を自分で選択しながら生きているでしょうか。社会的通念に抗《あらが》わず世間体《せけんてい》に逆らわなければ、他人との摩擦《まさつ》は少なく、一見、平穏《へいおん》に日々が過ぎていきます。でも、そんな大人の社会は、今の子どもたちに希望を与えているでしょうか。

自分のユニークさを発見する〈対話〉

オランダに住んでいて、とても素晴らしいな、と思うのは、大人と子ども、そして子ども同士の〈対話〉の機会が豊富であることです。そもそも残業などが珍しい国ですから、夕方6時にはほとんどの家庭で一家揃《そろ》って夕食です。テーブルを囲んで、親も子もそれぞれ一日の出来事を話し合います。子どもが少し成長してくると、ニュースの話題を元に政治議論が始まることも稀《まれ》ではありません。有給休暇を利用した長い休みには、歩き回る観光よりも、一か所にゆっくり留まって家族団欒《だんらん》のためにバカンスを楽しみます。

小学校でも、登校の後や放校の前に、先生と生徒たちが一緒に輪を作り、お互いに顔を見合わせた状況で対話の時間を持ちます。先生が無理《むりじ》強いして子どもに口を開かせるのではなく、子どもたちが自分の方から、他の子どもや先生を怖《おそ》れることなく、自分の気持ちを伝えることができるようになるまで辛抱強く待ちます。

一人ひとりユニーク、と言葉で言うのは簡単です。でも、「自分を知る」というのは、大人である私たちにとってさえ容易ではありません。右のような〈対話〉の機会はそれを助けてくれる大切な道具だと思います。

オランダの小学校では、低学年の時期から個人と個人が関係を結ぶ方法について教育学的に手助けしてくれます。それは、子どもが社会への小さな第一歩を踏みだす手助けです。教科としてだけでなく学校生活の様々の場面やテーマをきっかけに、子どもたちがそれぞれの気持ち、意見を伝え合い、お互いの立場を認め合う機会を意図的に用意しています。

その一例として次のようなことが教えられます。

「自分を守る＝自分が望まないことにはノーという、約束が守られなかった時にもう一度約束する、他の人が不親切または不公平なことをした時にそれを指摘する、助けを求める、自分が忘れられていたり無視されている時にはそれを指摘する、自分自身についての自分の意見をしっかり守る」というものです。

日頃から「規則なのだから守りなさい」「皆がしている通りにしなさい」「お利口《りこう》だから我慢しなさい」「自分の意見を押し通さず他の人に譲《ゆず》りなさい」と言われている日本人の私たちには、とても難しいことばかりかもしれません。でも、オランダ人の子どもにとっても、決して易しいことではないのです。

現在の世界には情報が溢《あふ》れています。文化の違う色々な人が出会う場が増えています。どちらが正しいとも言えない宗教や文化・価値観が異なる人々がお互いの立場を認め合って世界平和のために力を合わせなければならない時代が来ています。私たちは、「皆がそう言うから」「規則がそうだから」という他人任せの態度だけでは、お互いを本当によく理解することもできなければ、世界平和に貢献することすらできない時代に生きているのです。

私たちは、家庭や学校での〈対話〉の機会を尊重し、子どもたちが自分の意見をしっかり守り、はっきりとした態度で他に告げることができるように、そして同時に子どもたちが自分のユニークさだけでなく、他人のユニークさも尊重できる人間に育っていくよう手助けしてやらなくてはならないのだと思います。

日本人の慎《つつし》み、謙譲《けんじょう》と甘え

ドイツのペーター・ペーターセンという教育哲学者が始めたイエナプラン教育というものがあります。第二次世界大戦の勃発《ぼっぱつ》と戦後の東西ドイツの分離などで、ドイツ国内ではあまり発展しませんでしたが、1960年代にオランダに紹介され、その後オランダで大変普及した教育方法です。このオランダ・イエナプラン教育の関係者が作った「イエナプラン20の原則」の第1条にもこう書かれています。

「各人はユニークである。つまりたった一人の存在である。だから、すべての子どもとすべての大人はそれぞれ、かけがえのない価値を持っている」

そして、この20の原則では、この第1条に書かれた理想の人間観に対応する「理想の社会」として、さらに第6条で「人は、各人のかけがえのない価値を尊重する共同社会を目指して働くべきである」としています。

すべての人に「自分の立場を断固として守るアサーティブさ（自己信頼をベースに自分の考えを表現すること）」を求めると同時に、それを互いに尊重し合う態度は、子どもだけでなく大人の私たちすべてに求められています。

日本人はこれまで、とかく、自己と他者との違いを上下関係の中に位置づけてきました。意見が対立した時に、どちらが正しいかの決着をつけなければ気が済まず、どちらの社会的地位が高いか、どちらが社会的な権威を持っているかによって、「上」とされる者の意見を優先することで落ち着く、というやり方でした。「慎み」「謙譲」と言えば聞こえは良いですが、そういう関係の中で黙っていることは、自立とは程遠い「甘え」に過ぎないことも多い、ということを、私は長年の海外生活から学びました。

個人がユニークであるということは、好みや意見が多種多様だということです。意見は立場や性格、文化的な背景によっても違ってきます。どれも、どれが他より正しい、とは言えない、皆、横並びの違いに過ぎないのです。このことをまず認めなければ、本当の意味で、他の個人を尊重することはできないでしょう。

日々成長過程にある、毎日自分らしさを探し続けている子どもたちの意見に耳を傾け、子どもらと同じ社会に生きる大人として率直な意見を述べ、子どもにもっと深く考え、自分の意見をより研《と》ぎ澄《す》ますための機会を作ってやる。「対話」の機会は、意見がぶつかった時にこそ「自分をどう守るか」「相手をどう尊重するか」を学ぶ重要な場となります。

目の前の子どもの幸せ

子どもたちが育つ世界は多種多様です。家族や学校は中でも時に大切な、子どもが初めて触《ふ》れる社会でしょう。今の日本で、この家族や学校は、子どもが、ほんとうに帰属《きぞく》感を感じられる生き生きとしたものでしょうか。自分を生み育ててくれているはずの父母に対話がない、意思の疎通《そつう》がない、という家庭が多くないでしょうか。自分を教育してくれているはずの、学校の先生と親との間に対立や責任の擦《なす》り合いが行われていないでしょうか。「子どもの幸せな未来」と日を遠い未来に浮かばせる前に、目の前の子どもの世界に幸せを作ってやらなければ、子どもたちは息苦しくて生きていけないところまで追い詰められている……、大人である私たち自身が、今のこの社会で、自分らしい生き方をほんとうに選択的に求めているのかどうか……。今、次々に社会に背を向けていく子どもや若者たちからそれを問われているように思えてなりません。

(出典:「子どもたちの幸せな未来⑥免疫力を高めて子どもの心と体を守る」)

本書にご登場いただいた15人の方々（五十音順・敬称略）

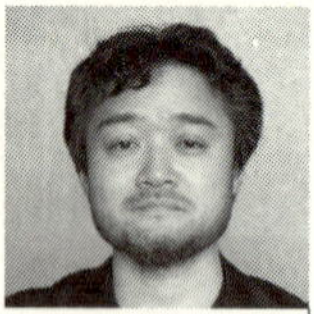

岩川直樹（いわかわ なおき）

1960年、静岡県生まれ。東京大学文学部卒。心理学科から教育学の大学院を経て、現在、埼玉大学教育学部教授。専門は教育方法学。2001年から02年にかけて、教育における臨床研究の立場から、全国の数百の小学校を訪れ授業を参観、現場の教師と交流を続ける。著書に『学習の転換』（共著・国土社）、『人権の絵本！じぶんを大切に』、（大月書店、絵は木原千春）、『総合学習を学びの広場に』（大月書店）、『〈私〉思想家・宮沢賢治』（花伝社）などがある。

内田良子（うちだ りょうこ）

心理カウンセラー。1973年より東京都内数か所の保健所にて相談活動を続け、2000年まで中野区の佼成病院心理室に勤務。98年から「子ども相談室・モモの部屋」を主宰し、登校拒否、不登校、非行、ひきこもりなどのグループ相談会を開いている。NHKラジオの電話相談「子どもの心相談」アドバイザーとしても活躍中。著書に『カウンセラー良子さんの幼い子のくらしとこころQ&A』（ジャパンマシニスト社）などがある。

内海裕美（うつみ ひろみ）

小児科医。東京都文京区生まれ。東京女子医科大学卒業後、同大学病院小児科学教室に入局。97年、父のあとを継いで吉村小児科院長に。専門は小児発達、小児保健。子育て発達セミナーなど、地元の子どものことは何でも引き受ける相談所的な診療所であることを心がけている。日本小児科医会常任理事。

五月女清以智（さおとめ せいいち）

1960年栃木県生まれ。フリーのライター・エディターとして、環境問題や音楽評論を中心に健筆をふるうが、バブルの影響で住んでいたアパートを次々に追い出され、90年に活動の拠点を栃木県の実家に移す。その頃、取材先から渡されたた名著「食物と体質」を読み、いたく感銘を受け、味噌屋になることを決意。91年、株式会社春駒味噌醸造（現・株式会社はるこま屋）代表取締役に就任。2002年から2年間、環境保全型生産者団体「Radixの会」会長も務めた。また、99年からは3人の甥と暮らしている。

佐々木正美（ささき まさみ）

児童精神科医。1935年群馬県生まれ。川崎医療福祉大学教授。30年以上にわたり、保育園、幼稚園、学校、児童相談所、養護施設、保健所など子どもの臨床にたずさわる。また、保育の現場で働く保母さんや幼稚園の先生方などとの勉強会をつづけている。2004年、自閉症の人と家族を支援する療育方法の実践と普及に努めてきた功績により「朝日社会福祉賞」を受賞。

汐見稔幸（しおみ ししゆき）

1947年、大阪府生まれ。東京大学大学院教育学研究科博士課程終了。2007年4月より、白梅学園大学教授・副学長。

専攻は教育学、教育人間学、育児学。育児関係の著書に『こころもからだもかしこい子育て』（主婦の友社）、『素敵な子育てしませんか』（旬報社）、『ほめない子育て』（栄光教育文化研究所）、『子どものサインが読めますか』（女子パウロ会）、『親子ストレス』（平凡社）、『親がキレない子育て』（サンマーク出版）、『0～4歳 わが子の発達に合わせた1日30分間「語りかけ」育児』（監修、小学館）、『はじめて出会う育児の百科』（共著、監修、小学館）など多数。

菅原里香（すがわら りか）

秋田県で生まれ、神奈川県で育つ。幼稚園の時から先生に憧れ、横浜女子短大を卒業。1983年より「咸有一徳（人間はだれでも必ず良いところを持っている）」を教育理念として、あそびを中心に子どもの成長を助ける「こすもす幼稚園」（神奈川県横浜市）に勤務する人気の保育士である。

秦 理絵子（はた りえこ）

「学校法人シュタイナー学園初等部・中等部」校長。NPO法人賢治の学校講師。日本大学芸術学部非常勤講師。オイリュトミストとしても活躍し、幼児から大人までのクラスを持っている。著書に『シュタイナー教育とオイリュトミー』（学陽書房）、『成長を支えるシュタイナーの言葉』（学陽書房）、翻訳絵本にオルファース『森のおひめさま』『うさぎのくにへ』『ねっこぼっこ』（平凡社）などがある。

日野雄策（ひの　ゆうさく）

１９５７年生まれ。東京お茶の水にエコロジーショップＧＡＩＡを設立。その後エコロジー事業のコーディネーターとして全国を行脚。ダムを止めた村「木頭村」の村おこし事業なども行う。著書に『エコロジーショップ本日開店』（ほんの木）、『ニュークスマニュアル』（大和書房）、『家業スタイルの時代』（ほたる出版）共著。ＮＰＯ「杜の会」理事。

藤村亜紀（ふじむら　あき）

秋田県生まれ。１９９０年４月から、私立秋田南幼稚園に勤務、３年目から独自にシュタイナー幼児教育を取り入れる。97年に退職。２０００年１月「秋田シュタイナー教育を学ぶ会」を結成。02年７月「シュタイナーの楽光」に改名し、現在代表。２児の母で、夫と４人で秋田市に在住。05年春から自宅を開放し、生きがいと仲間づくりの集い場所として「陽だまりサロン」を開設している。著書に、保育経験をまとめた自筆の冊子をもとにした『シュタイナーが教えてくれた　心で感じる幸せな子育て』『子どもが輝く幸せな子育て』（ほんの木）がある。本名は若松亜紀。

正高信男（まさたか　のぶお）

１９５４年、大阪生まれ。専攻は比較行動学。アメリカ国立衛生研究所客員研究員、ドイツ・マックスプランク精神医学研究所研究員、京都大学霊長類研究所助手、東京大学理学部人類学教室助手を経て、現在、京都大学霊長類研究所教授。

著書に『ケータイを持ったサル』『子どもはことばをからだで覚える』『父親力』（いずれも中公新書）、『0歳からの子育ての技術』『赤ちゃん誕生の科学』（どちらもＰＨＰ新書）、『天才はなぜ生まれるか』（ちくま新書）などがある。

見尾三保子（みお　みほこ）

１９５８年、神奈川県藤沢市片瀬の自宅で夫と学習塾「ミオ塾」を開く。夫の亡き後も塾を経営しながら弟と２人で３人の子どもを育て、現在に至る。また、78年から15年間、神奈川県立七里ヶ浜高校講師も務める。ミオ塾に通う小学生から大学受験生まで約80名の約２割は卒塾生の子どもたちで、オリジナルの教材を使用しながら、子どもの好奇心に沿って才能を引き出す教育を実践している。著書に『お母さんは勉強を教えないで』（草思社）がある。

森田ゆり（もりた ゆり）

エンパワメント・センター主宰。北米に21年間在住し、子どもの虐待、性暴力、家庭内暴力防止に関わる専門職の養成に長く携わる。１９９０年から7年間、カリフォルニア大学で差別問題、セクシュアル・ハラスメントなどの人権問題のセミナーを指導する。97年に日本でエンパワメント・センターを設立し、行政、企業、民間団体の依頼でセクシュアルハラスメント、子どもへの暴力、人権問題などをテーマに研修活動を行っている。

著書には『しつけと体罰―子どもの内なる力を育てる道すじ』童話館出版、『癒しのエンパワメント』（築地書館）、『子どもと暴力』（岩波書店）、『エンパワメントと人権』（解放出版社）、『あなたが守るあなたの心、あなたのからだ』（童話館出版（産経児童文化賞受賞））ほか多数がある。

山口 創（やまぐち はじめ）

聖徳大学講師・臨床発達心理学士。１９６７年生まれ。早稲田大学大学院人間科学研究科修了。博士（人間科学）臨床心理学・身体心理学専攻。現在、聖徳大学人文学科講師。著著に『愛撫・人の心に触れる力』（ＮＨＫブックス）、『からだとこころのコリをほぐそう』『よくわかる臨床心理学』（川島書店）、『子供の「脳」は肌にある』（光文社新書）がある。

リヒテルズ直子（りひてるず なおこ）

下関市出身。九州大学大学院で比較教育学と社会学を学ぶ。１９８１～96年、アジア・アフリカ・ラテンアメリカの途上国に滞在。96年以来オランダに在住。翻訳・通訳の傍ら、オランダの教育制度について自主研究。99年より『オランダ通信』刊行（02年以降ＨＰで公開：http://home.planet.nl/~naokonet）。２００４年に『オランダの教育』２００６年『オランダの個別教育はなぜ成功したのか』（ともに平凡社）刊。オランダ・ハーグ市在住。

子どもたちの幸せな未来ブックス③
心に届く「しつけと愛の伝え方」

2006年2月20日　第1刷発行
2007年6月20日　第2刷発行
企画――――――――（株）パンクリエイティブ
編集・発行――――――――ほんの木
プロデュース――――――――柴田敬三
編集――――――――戸矢晃一

発行人――――――――高橋利直
発　売――――――――（株）ほんの木
〒101-0054 東京都千代田区神田錦町3-21 三錦ビル
Tel. 03-3291-3011　Fax. 03-3291-3030
http://www.honnoki.co.jp/
E-mail　info@honnoki.co.jp
競争のない教育と子育てを考えるブログ　http://alteredu.exblog.jp

ISBN4-7752-0035-6
郵便振替口座　00120-4-251523　加入者名　ほんの木
印刷所　中央精版印刷株式会社

大好評
発売中！

家庭でできるシュタイナーの幼児教育

ほんの木「子どもたちの幸せな未来」編
A5判／272ページ／定価1680円（税込み）

シュタイナー教育の実践者、教育者ら28人によるわかりやすいシュタイナー教育の入門本！

シュタイナーの7年周期説、4つの気質、3歳・9歳の自我の発達、お話は魂への栄養という考え方、自然のぬくもりのある本物のおもちゃや遊びの大切さ……誰もが親しめ、家庭で、学校で実践できるシュタイナー教育の叡智がいっぱいつまった一冊です。

―――― もくじ ――――

●お申込み：ほんの木 TEL03-3291-3011 FAX03-3291-3030

＜ご登場いただいたみなさん／敬称略＞

高橋弘子
吉良 創
としくらえみ
高久和子
西川隆範
堀内節子
森 章吾
大村祐子
松浦 園
亀井和子
大嶋まり
高久真弓
広瀬牧子
今井重孝
仲正雄
秦理絵子
内海真理子
山下直樹
須磨柚水
重野裕美
渡部まり子
ウテ・クレーマー
森尾敦子
高草木 護
大住祐子
小貫大輔
入間カイ
大村次郎

2002年～2003年刊

1 もっと知りたい、シュタイナー幼児教育

芸術教育や情操教育として注目のシュタイナーの幼児教育をわかりやすく特集しました。

＊幼稚園26年間の実績から学ぶシュタイナー幼児教育
＊「シュタイナー教育相談室」など

【主な登場者】高橋弘子さん（那須みふじ幼稚園園長）／吉良創さん（南沢シュタイナー子ども園教師）／大村祐子さん（ミカエル・カレッジ代表）他

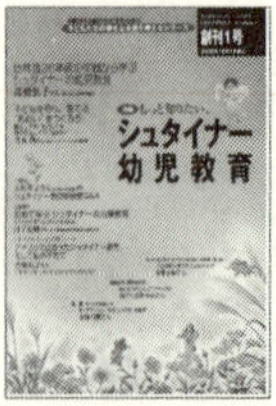

2 育児、子育て、自然流って何だろう？

先輩ママの実践した自然流子育てで子どもはどう成長するか、親としての心構えなどをご紹介します。

＊自然な育児、子育て、基本の基本
＊私の実践した自然流子育て～そのポイントと生活スタイル　など

【主な登場者】真弓定夫さん（小児科医師）／はせくらみゆきさん（アートセラピスト）／自然育児友の会／西川隆範さん（シュタイナー研究家）他

3 どうしていますか？　子どもの性教育

誰もが子育てで一度は悩む、子どもと性の問題を家庭でどのように解決していくかがよくわかる特集です。

＊「性」を通して子どもたちに伝えたいこと
＊性教育アンケート　など

【主な登場者】北沢杏子さん（性を語る会代表）／矢島床子さん（助産師）／小貫大輔さん（東海大学准教授）他

●お申込み　ほんの木　TEL.03-3291-3011 FAX.03-3291-3030
〒101-0054東京都千代田区神田錦町3-21三錦ビル

出典：子どもたちの幸せな未来シリーズ第1期

4 子どもたちを不慮のケガ・事故から守る

子どもの死亡原因の1位は不慮の事故。思いがけない事故の予防策について実践的、具体的に紹介します。
＊不慮の事故はどうして起こるか
＊ケガ・事故を未然に防ぐ工夫　など

【主な登場者】ウテ・クレーマーさん（ブラジルシュタイナー共同体代表）／大村祐子さん（ひびきの村ミカエル・カレッジ代表）／安部利恵さん（栄養士）他

5 見えていますか？子どものストレス、親のストレス

少しでも楽しくストレスのない環境でゆったりと子育てする方法を特集。
＊子どもにストレスを与えないシュタイナー幼稚園の環境づくり
＊自分を受け入れることから始める子育て　など

【主な登場者】鳥山敏子さん（賢治の学校教師）／菅原里香さん（こすもす幼稚園教諭）／岩川直樹さん（埼玉大学教育学部教授）他

6 子どもの心を本当に育てる、しつけと叱り方

子どもをうまく育てたいと思えば思うほど考え込んでしまう叱り方、しつけ方。心を育てる叱り方、しつけ方について考えました。
＊大人の真似から「しつけ」は始まる
＊わたしの叱り方　など

【主な登場者】堀内節子さん（にじの森幼稚園前園長）／森田ゆりさん（エンパワメントセンター主宰）／汐見稔幸さん（白梅学園大学教授）他

子どもたちの幸せな未来「第1期」全6冊　●B5サイズ・64ページ
●各号定価1400円（税込・送料サービス）●6冊セット割引あり。詳細はほんの木まで。

7 心と体を健やかに育てる食事

素材や栄養価にこだわりながら、食事が楽しくなる食卓づくりの基本を学びます。

＊食卓から始まる健康子育て
＊知って得する野菜の豆知識　など

【主な登場者】東城百合子さん（自然療法研究家）／大住祐子さん（シュタイナー医療研究家）／大澤博さん（岩手大学名誉教授）／大澤真木子さん（東京女子医科大学教授）他

8 お話、絵本、読み聞かせ

絵や写真のないお話だけを聞くことで子どもの想像力は育ちます。お話には、子どもの心と想像力を育てる力があります。

＊お話が育てるこころと想像力
＊こどもの好きな絵本　など

【主な登場者】高橋弘子さん（那須みふじ幼稚園園長）／としくらえみさん（シュタイナー絵画教師）／赤木かん子さん（子どもの絵本の専門家）他

9 シュタイナー教育に学ぶ　子どものこころの育て方

温かい心を持った子ども、優しい心を持った子ども、目に見えない「こころ」の育て方を特集しました。

＊子どもの内面への信頼
＊子どもがほんとうに安心できる場所　など

【主な登場者】高久和子さん（春岡シュタイナー子ども園教師）／森章吾さん（シュタイナー小学生クラス教師）／山下直樹さん（治癒教育家）他

10 子育て　これだけは知りたい聞きたい

子どもを見るってどう見ればいいのでしょうか？　子どもの成長・発達、子どもの幸せをトータルに考えます。

＊子育てが下手でも恥ではない
＊母親の食事が子どもを育てる　など

【主な登場者】小西行郎さん（東京女子医科大学教授）／正高信男さん（京都大学霊長類研究所教授）／宗祥子さん（松が丘助産院助産師）／安保徹さん（新潟大学大学院医学部教授）他

11 子どもの感受性を育てるシュタイナーの芸術体験

子どもの好奇心をつぶさないでください。シュタイナー教育を中心に子どもの形成力を高める芸術を体験に基づいて学びます。

＊シュタイナー教育における芸術
＊色を体験することの大切さ　など

【主な登場者】大嶋まりさん（東京シュタイナーシューレ）／高久真弓さん（オイリュトミスト）／見尾三保子さん（「ミオ塾」代表）他

12 年齢別子育て・育児、なるほど知恵袋

子どもの成長を知って、余裕ある子育てをするための方法、子どもの年齢に応じた育児を特集しました。

＊余裕のある子育てを
＊シュタイナー教育による「子どもの年齢に応じた育児」など

【主な登場者】汐見稔幸さん（白梅学園大学教授・副学長）／真弓定夫さん（小児科医師）／山口創さん（聖徳大学講師）他

子どもたちの幸せな未来「第2期」全6冊　●B5サイズ・64ページ
●各号定価1400円（税込・送料サービス）●6冊セット割引あり。詳細はほんの木まで。

2004年～2005年刊

①共働きの子育て、父親の子育て

子どもと一緒にいる時間が少ない、十分に子どもの面倒が見られないと悩みや不安を抱える親御さんが少なくありません。共働きの家庭や父親の子育てへの参加について考えます。

【主な登場者】毛利子来さん（毛利医院医師）／佐々木正美さん（児童精神科医）／正高信男さん（京都大学霊長類研究所教授）／赤石千衣子さん（しんぐるまざあずふぉーらむ）他

②子どもの健康と食からの子育て

子どもたちの体が年々弱くなっています。また、子どもの行動や心にも、かつて見られなかった不可解な兆候が現れています。今日からできる健康な食のポイントを提案します。

【主な登場者】幕内秀夫さん（栄養管理士）／神山潤さん（小児科医）／原田碩三さん（兵庫教育大学名誉教授）／山田真さん（小児科医）／藤村亜紀さん（陽だまりサロン主宰）他

③子どもの心と脳が危ない！

テレビやゲーム、パソコンなどが子どもに及ぼす影響について、小児科医や脳科学者、幼児教育者らが声をあげ始めました。テレビやゲームとの上手なつき合い方の特集です。

【主な登場者】佐々木正美さん（児童精神科医）／森昭雄さん（日本大学教授）／吉良創さん（南沢シュタイナー子ども園教師）／内海裕美さん（小児科医）／神山潤さん（小児科医）他

出典： 子どもたちの幸せな未来シリーズ第3期

④ 子どもを伸ばす家庭のルール

十分な睡眠や友達と一緒の遊びや運動、家族と一緒に三度の食事をとること…こんな当たり前のことの積み重ねだけで、体力、気力、知力、学力が育つのです。

【主な登場者】陰山英男さん（立命館小学校副校長）／片岡直樹さん（川崎医科大学小児科教授）／廣瀬正義さん（食と教育研究家）／秦理絵子さん（オイリュトミスト）他

⑤ 早期教育と学力、才能を考える

おけいこごとを始める平均年齢は2・5歳。でも待って下さい。よわりから置いて行かれないようにと通わせているおけいこごとが、子どもをダメにしてしまうこともあります。

【主な登場者】汐見稔幸さん（白梅学園大学教授）／高田明和さん（浜松医科大学名誉教授）／吉良創さん（南沢シュタイナー子ども園教師）／グレゴリー・クラークさん（多摩大学名誉学長）他

⑥ 免疫力を高めて子どもの心と体を守る

アトピーやアレルギーなど子どもの病気は、正しい鼻呼吸、睡眠、冷え予防、食事などに関係しています。日々の生活習慣で大切なことを、健康の視点から特集しました。

【主な登場者】西原克成さん（西原研究所所長）／東城百合子さん（自然療法研究家）／岩附勝さん（トーユー矯正歯科院長）／清川輝基さん（子どもとメディア代表理事）他

子どもたちの幸せな未来「第3期」全6冊　●A5サイズ・128ページ
●各号定価1575円（税込・送料サービス）●6冊セット割引あり。詳細はほんの木まで。